企业家社会资本对中小企业绩效的影响机制研究

——基于技术创新能力的视角

乔朋华　鞠晓峰　著

哈爾濱工業大學出版社

内 容 简 介

在该著作中，作者通过对相关理论的回顾和梳理，提出了企业家社会资本的内涵及研究维度，依据技术创新理论，界定本书研究的技术创新能力的内涵及研究维度；并基于理论与现实背景，提出“企业家社会资本、技术创新能力对中小企业绩效影响研究”这一主题，构建了企业家社会资本、技术创新能力对中小企业绩效影响的理论框架，采用规范分析和实证研究方法，深入分析了企业家社会资本、技术创新能力对中小企业绩效的影响。

本书可供工商管理等相关专业研究生学习使用，还可以为企事业单位及政府相关部门提供理论参考。

图书在版编目(CIP)数据

企业家社会资本对中小企业绩效的影响机制研究：基于技术创新能力的视角/乔朋华，鞠晓峰著. —哈尔滨：哈尔滨工业大学出版社，2016.6

ISBN 978-7-5603-5663-1

Ⅰ.①企… Ⅱ.①乔… ②鞠… Ⅲ.①社会资本-影响-中小企业-企业绩效-研究 Ⅳ.①F276.3

中国版本图书馆 CIP 数据核字(2015)第 253634 号

责任编辑　杨秀华
封面设计　刘长友
出版发行　哈尔滨工业大学出版社
社　　址　哈尔滨市南岗区复华四道街 10 号　邮编 150006
传　　真　0451-86414749
网　　址　http://hitpress.hit.edu.cn
印　　刷　哈尔滨工业大学印刷厂
开　　本　787mm×960mm　1/16　印张 10.75　字数 203 千字
版　　次　2016 年 6 月第 1 版　2016 年 6 月第 1 次印刷
书　　号　ISBN 978-7-5603-5663-1
定　　价　42.00 元

前　言

本书的出版受到国家自然科学基金重点项目(71031003),黑龙江省应用技术研究与开发计划项目(GC13D207),2015 年度黑龙江省普通本科高等学校青年创新人才培养计划(UNPYSCT－2015097),齐齐哈尔大学青年教师科研启动支持计划项目(项目编号 2014w－z08)的支持,目的是对以前的研究成果进行系统整合,形成一个阶段性的研究成果。根据十八大精神和中央有关规定,国家已经开始重视商业协会及专业协会的作用,2013 年十二届全国人大一次会议已经明确提出要重点培育、优先发展行业协会商会类、科技类、公益慈善类、城乡社区服务类社会组织的作用。2014 年两会上,国务院总理李克强强调,“给企业松绑,让市场发力”。新时期的政企关系再度成为焦点。目前关于企业家的政治关联、商业协会以及技术协会关系对企业技术创新能力和企业绩效的实证研究还较少,本书研究的一个关键问题是,从微观系统地研究企业家社会资本是通过什么方式如何影响中小企业技术创新能力及其企业绩效的。

企业家作为企业战略制定的重要角色,是企业与社会环境的关键节点,企业家社会资本在企业运营过程中起到不可替代的作用,尤其对于中小企业来说,企业家社会资本能够通过与外界建立的联系获取稀缺资源,进而能够影响中小企业绩效;然而企业家社会资本在帮助中小企业获取资源的同时,所承担的社会负担也会加重,其为中小企业发展所带来的负面影响也是值得考虑的。诚然,企业家社会资本对中小企业的影响有其自身的偏好和复杂性,关于企业家社会资本对中小企业技术创新及其绩效影响的研究还处于起步阶段,其行为背后的动机及决策机制尚未阐明。此外,关于企业家政治关联、商业协会以及技术协会关系对技术创新能力及其中小企业绩效影响的研究还有待进一步拓展。

全书共分 6 章,鞠晓峰编写第 1 章,其余 5 章由乔朋华编写。本书首先阐述了基本相关理论,分析了企业家社会资本,包括:企业家理论,社会资本理论,企业家社会资本的内涵、界定以及企业家社会资本的测量方法,明确了技术创新能力的内涵及构成,确定了中小企业绩效的内涵及研究纬度。立足于理论研究,对四家案例企业进行了对比分析研究,通过对案例数据的收集、编码和数据分析,初步分析了企业家社会资本、技术创新能力和中小企业三者之间的关联性和因果关系。根据分析，本书认为企业家社会资本正向影响中小企业绩效。企业家社会资本可以通过技术创新能力来进一步正影响中小企业绩效。在理论和探索性研究的基础上，从资源观和制度环境的视角，对相关变量间的内在逻辑关系进行分析，并提出了构建企业家社会资本对中小企业绩效的影响模型，共提出了32条假设。本书还分别从实证研究设计和实证研究结果分析两方面，利用面板数据对上述理论假设进行了实证研究。

以往对技术创新的研究大多关注企业自身层面、产业环境以及政府的宏观政策等方面的影响因素，本书对企业家社会资本三个维度（政府社会资本、商业协会关系以及技术协会关系）如何影响中小企业技术创新能力进行了详细解读。在中国转型期经济情境下，本书深入剖析了我国企业家社会资本对中小企业技术创新能力和企业绩效的影响。将企业家社会资本、技术创新能力以及中小企业绩效这几个关键要素综合在一个研究框架内，研究各个要素之间的关系，比较透彻地揭示了企业家社会资本对中小企业绩效影响的微观作用机制，完善了社会资本理论和企业成长理论；从企业家社会资本的角度切入，对企业的技术创新展开研究，丰富了企业技术创新的理论研究，并从制度环境的区域特征和市场化进程两个特定环境下分析制度环境对社会资本与中小企业绩效的调节作用，期望为中小企业家合理运用社会资本提供理论和经验依据，在实践上能够指导中小企业合理、有效地利用社会资源，提高自身创新能力，进而为促进中小企业创新发展提供理论依据和方法支持；对政府在企业发展中的职能也有一定的启示，推进政府职能向公共服务型的转变，为中国相关政府部门制定相应政策，促进中小企业发展提供理论依据和方法支持。

著者

2015年8月

目　　录

第1章　绪　　论

1.1　研究背景及问题的提出

1.1.1　研究背景

自1978年改革开放以来,我国通过一系列重大措施,尤其是大力实施技术引进战略,推动了经济快速增长,中国经济经历了飞速发展。通过采用低成本获取知识和技术,进而扩大生产规模的“追随者策略”,中国已经在经济实体领域取得巨大的成功,在2011年,中国已成为世界第二大经济体。① 但是,过去30多年我国经济发展是以数量扩张为特征的数量型增长,伴随着经济总量快速增长,中国经济发展进入了新的发展阶段,发展方式转变逐渐成为未来发展的重要主线。从世界分工格局来看,经济发展方式转变就是转变中国在世界经济分工中的地位。显然,这依赖于我国企业的发展能力、市场竞争力,尤其是核心技术的自主创新能力,自主创新是实现发展方式转变的重要支撑。尽管中国的经济总量位居世界前列,但人均GDP依然很低,世界经济排名在90位左右,中国经济依然处在发展中国家的行列中。在过去的发展中,中国经济的发展更多地依赖于技术门槛低的劳动密集型产业,随着“刘易斯拐点”的到来,“劳动力红利”将发生根本性改变,实现发展战略由模仿到创新的转变已成为提高国家竞争力的重要途径。

究竟是什么因素将影响着中国经济的飞速发展,一直成为人们探讨的焦点问题。在知识经济发展的今天,创新将是推动经济飞速发展的关键因素。从微观企业层面来看,实现经济发展模式的转型最终依赖于中国企业增大研发投入、提升自身的创新能力。图1.1展现了中国和部分发达国家的研发投入占GDP

---

① www. stats. gov. cn.

的比例，可以看出，2010 年中国的研发投入费用排名为世界的第三名，然而研发费用占 GDP 的比例仅为 1.76%，远远低于日本的 3.26% 和美国的 2.8%。很明显，中国经济要想具有全球竞争力，就必须加大研发投入力度。

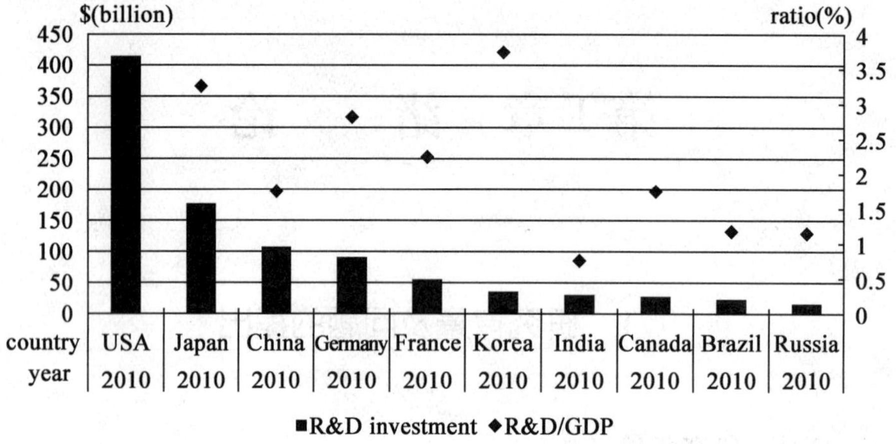

图 1.1　各国情况 R&D 投入占 GDP 比重

如何去衡量创新资源投入的效果呢？专利数普遍被认为是企业创新活动努力结果的一个很好的衡量标准。在后金融危机时代，新兴市场的金砖五国（BRICS）对世界经济的贡献越来越明显，其经济一直保持着强劲的增长态势。图 1.2 展现了 2006～2011 年中国和部分国家专利申请量的占有比重，可以看出中国专利申请总量每年的增长速度非常迅猛，与之对比的是其他金砖四国的专利申请量一直保持较平稳的增长态势，所占有的比例依然很低。2011 年中国专利申请量已经超过了美国专利申请的总量，跃居专利总数第一位。

中国经济进入飞速转型时期，为企业发展和企业家成长带来了新的机遇和挑战。据统计，中国中小企业的发明专利占全国的 66%，研发新产品占全国的 82%，已成为中国建设创新型国家的生力军。① 中小企业犹如雨后春笋般蓬勃发展起来，这些新兴的中小企业拥有充沛的活力，与正处于改制阶段的国有大型企业相比，对市场的适应性更强，创新更有动力。1999 年，根据中国经贸委统计，中小企业注册登记数为 100 万家。② 2011 年，全国工商注册登记的中小企业占全部注册企业总数的 99%。中小企业工业总产值、销售收入、实现利税分别

① China Economic Weekly, July 15, www.ceweekly.cn.

② Please see Wu W, Leung A. Does a micro – macro link exist between managerial value of reciprocity, social capital and firm performance? The case of SMEs in China[J]. Asia Pacific Journal of Management, 2005, 22(4): 445 – 463.

占总量的60%,57%和50%;70%的出口贸易额,80%的人口就业率。在我国经济飞速发展的过程中,中小企业起着愈加重要的作用。

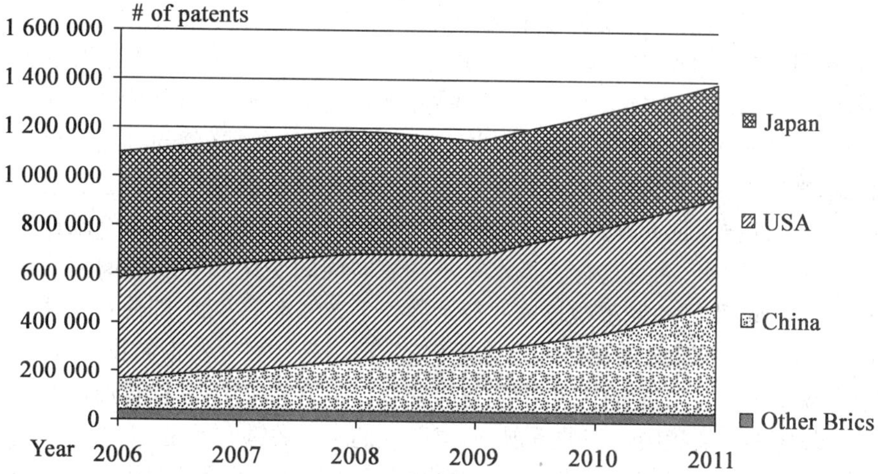

图1.2 金砖五国和部分发达国家创新效果

受资源禀赋、市场规模、创新周期等影响,中小企业完全依靠自身创造知识难以满足其需求,尤其在市场竞争激烈的环境下,中小企业已经意识到企业通过单独的力量很难获得成功,因此,中小企业必须不断地与外界建立联系来获得稀缺资源,进而提升自身的竞争优势。企业是经济转型的微观基础,企业家是推动经济转型的中坚力量。面对转型,企业如何应对,企业家如何认识和行动,对于经济转型的成功至关重要。中国企业家调查系统《2013年中国企业家成长与发展专题调查报告》表明,企业家在认识到经济转型的重要性和迫切性的同时,也应清醒地认识到经济转型的艰巨性:首先经济转型面临部分地方政府急于追求短期利益,急功近利、政策支持不到位、经济管理体制不健全、企业创新动力明显不足和思想观念严重制约等困难;其次是经济转型会让企业付出很多方面的代价,包括经营成本的上升、风险的增加、短期利益受到影响、管理难度增大等;最后,面对转型,企业自身也面临人才短缺、风险加大、创新渠道不畅通等挑战。

1.1.2 问题的提出

创新是一个民族进步的灵魂,是一个国家兴旺发达的不竭源泉,是经济社会发展的永恒主题。党的十七大指出,提高自主创新能力、建设创新型国家,是提升国家发展战略的核心,是提高国家综合国力的关键。党的十八大进一步指出,实现经济转型升级,最根本的就是依靠科技的力量,实施创新驱动发展战略,着力增强创新驱动发展的新动力。十八届三中全会又进一步明确提出加快建设创新型国家。企业是自主创新的最重要主体和基本单位,中国要提高自主创新能力、实现创新驱动发展的前提是更多企业提高自身的自主创新能力，实现创新驱动。政府主导创新始终是中国创新体系的一大特色，我国中长期科技发展规划明确指出"国家创新体系是以政府为主导、充分发挥市场资源配置的基础性作用、各类科技创新主体紧密联系和有效互动的社会系统"，并提出"建设以企业为主体、产学研结合的技术创新体系，并将其作为全面推进国家创新体系建设的突破口"。因而，"政府主导"和企业主体相结合是我国科技创新的最明显特征。但是，熊彼特"创造性破坏"以及内生经济增长理论难以解释中国的经济增长与政府主导下的技术创新现象。众多研究发现我国的经济增长中技术贡献比率长期处于较低的水平，而且这种较低水平不随着时间的变化而呈现出增强或减弱的趋势。然而，我国的经济增长速度却始终处于高位水平发展，即使在全球经济危机的时期，中国 GDP 增长速度也接近 9%。原因是什么呢？正如我们所知，在我国经济飞速发展的过程中，中小企业起着愈加重要的作用，其增长速度和质量已经显著地影响到我国经济的发展，本书研究的一个关键问题是，中小企业创新资源的投入在多大程度上对中小企业技术创新产出起到了促进作用？同时技术创新又在多大程度上影响中小企业的绩效？

中国正处于经济转型时期，尚未建立完善的社会信用体系和有效的社会规范，法律制度、经济制度等相当薄弱，从而导致社会资本成为企业获取稀缺资源的重要手段，企业通过社会网络寻求稀缺资源的配置方式，在当代中国已成为一种主流方式。社会资本理论学者认为，企业建立良好的关系网络、积累充分的社会资本是促进企业成长的重要途径，社会资本对企业的经营能力和经济效益具有直接的提升作用，企业发展的社会联系越多，涉及社会资源的能力也越强。值得一提的是，大量的文献都是围绕着企业家的关系网络进行研究的，这与企业家在企业战略决策和战略实施所起到的关键性作用是分不开的，企业家积累社会资本不仅需要与其他企业建立商业联系，更需要政治关联的支持。2014 年两会上，国务院总理李克强强调，"给企业松绑，让市场发力"。新时期的政企关系再度成为焦点。2014 年 5 月 9 日，据经济之声《天下财经》报道，厉以宁发表最新论断，要让中国市场在资源配置中起到决定性作用必须解决以下四大阻力：第一个阻力就是利益集团的存在，改革可能会使他们的利益受损，所以他们会坚持原来的做法；第二个阻力是制度惯性，经济学里有一个词，叫路径依赖，就是老路走惯了，适应了，就不想改了；第三个阻力是，中国还缺乏独立完善的市场主体，企业还不是真正的企业，不能自主经营，受到的捆绑特别多，这也阻碍了市场在资源配置中发挥决定作用；第四个方面，市场要发挥作用，必须建立市场信用体系，没有信用的社会，不适合市场业务的开展。包括政府在内，作为交易的任何一方，都应该讲信用。市场经济的建设，必须和道德建设同步，而目前，中国的信用体系建设才刚刚起步。北京大学光华管理学院院长蔡洪滨认为，政府边界是用直接的行政手段去干预微观经济达到宏观经济平衡，但所谓的三驾马车，即转变经济增长方式，调结构，再平衡等概念存在偏差。从所谓的三驾马车的角度去思考，中国经济持续稳定健康增长，要依靠提高投资质量和效益，改革教育体制促进人力资本积累，全面深化改革提升资源配置效率，全面提升创新能力。中央政府要继续简政放权，激发市场活力，调动社会创造力，减少权力寻租，真正铲除腐败，要让市场在资源配置中发挥决定性作用和更好地发挥政府作用。在我国现有制度背景下，政治关联是政府和企业联系的一条非常重要的纽带，在企业发展中非常普遍，并影响着企业创新行为及其绩效。正如我们所知，技术创新是中小企业发展的关键，而研发投入更是影响企业创新的关键因素。企业家可以利用政治关联倾向于选择经营风险低、市场稳定、获利快的项目，不愿意从事风险高、研发周期长、市场不确定的技术创新项目，从而弱化了研发投资动机；然而政治关联同样也能帮助企业获取政策、信息、资金等资源，获得更为便利的外部融资，保障企业在研发中有及时且充足的资金，从而加强研发投入。根据十八大精神和中央有关规定，国家已经开始重视商业协会及专业协会的作用，2013 年十二届全国人大一次会议已经明确提出要重点培育、优先发展行业协会商会类、科技类、公益慈善类、城乡社区服务类社会组织的作用。目前关于企业家的政治关联、商业协会以及技术协会关系对企业技术创新能力和企业绩效实证的研究还较少，本书研究的另一个关键问题是，企业家社会资本是通过什么方式如何影响中小企业技术创新能力及其企业绩效的。

1.2 研究目的及意义

1.2.1 研究目的

通过对现有相关研究文献的梳理和评述，对研究现状进行总结；紧密结合中小企业发展过程中不能忽略的两方面内容：企业家社会资本和技术创新能力进行分析，将两者综合起来进行分析，研究两者的作用关系及其对中小企业绩效的影响。本书的研究目的包括：

(1)建立相对完善的企业家社会资本指标体系。提出企业家社会资本的概念，探讨企业家社会资本的主要构成、研究维度以及测量方法等，通过理论研究和探索性案例研究提出企业家社会资本的指标体系。

(2)构建企业家社会资本与技术创新能力对中小企业绩效影响的理论框架。分析企业家社会资本影响中小企业技术创新能力及绩效的途径，以及技术创新能力作为中介变量对企业家社会资本与中小企业绩效的中介作用,并分析制度环境对企业家社会资本、对中小企业绩效的调节作用,建立企业家社会资本-技术创新能力-中小企业绩效的影响模型,并提出相应的理论假设。

(3)在我国全面深化改革的背景下,全面系统地厘清企业家社会资本对中小企业技术创新能力及绩效的影响机制及影响程度,充分揭示不同情境下企业家社会资本对中小企业绩效影响机制的差异。基于本书提出的理论框架和探索性案例研究形成的初步假设,利用计量方法构建企业家社会资本-技术创新能力-中小企业绩效的数量模型。采用二手数据,运用描述性统计、T检验、多元线性回归分析等定量方法,通过中小企业板上市公司的面板数据实证研究企业家社会资本对技术创新能力以及中小企业绩效的影响机制及影响程度。

1.2.2 研究意义

本书的研究意义可以概括为以下三点:

1.研究的理论意义

以我国中小企业板上市公司为实证研究对象,深入分析在中国经济转型期,我国企业家社会资本对中小企业技术创新能力和企业绩效的影响。对企业家社会资本对中小企业技术创新能力和企业绩效之间内在关系和机制进行了系统的研究,其理论意义在于:

第一,将企业家社会资本、技术创新能力以及中小企业绩效这几个关键要素综合在一个研究框架内,研究各个要素之间的关系,能比较透彻地揭示企业家社会资本对中小企业绩效影响的微观作用机制,完善社会资本理论和企业成长理论。

第二,从企业家社会资本的角度切入,对企业的技术创新展开研究,丰富了企业技术创新的理论研究。以往对技术创新的研究大多关注企业自身层面、产业环境以及政府的宏观政策等方面的影响因素,本书对企业家社会资本三个维度(政府社会资本、商业协会关系以及技术协会关系)如何影响中小企业技术创新能力进行了详细解读。

第三,从制度环境的区域特征和市场化进程两个方面分析制度环境对社会资本与中小企业绩效的调节作用,丰富了企业家社会资本的研究。

2.研究的现实意义

第一,通过案例研究和实证研究对上述关系进行检验,期望为中小企业家合理运用社会资本提供理论和经验依据,在实践上指导中小企业合理、有效地利用社会资源,提高自身创新能力,进而为促进中小企业创新发展提供理论依据和方法支持。

第二,本书的研究对政府在企业发展中的职能也有一定的启示。由于地方政府拥有过大的资源配置和行政审批权力,处于弱势地位的中小企业自然会投入精力于社会资本的建立,寻求社会资源的庇护。为了从根源上消除这个现象,就必须建立市场经济下的政府管理制度,减少政府对市场的干预,管住政府的“掠夺之手”,推进政府职能向公共服务型的转变。本书的研究为中国相关政府部门制定相应政策,促进中小企业发展提供理论依据和方法支持。

1.3 国内外研究综述

1.3.1 企业家社会资本与企业绩效的关系

企业家作为企业与社会环境的关键节点,其社会资本在企业家的运营过程中有着不可替代的作用,近几年来对企业家社会资本的研究越来越多,取得了很多研究成果。

现有文献对企业家社会资本对企业绩效的正面效应研究居多,诸如Brüderl,Preisenderfer (1998)指出企业家在公司建立初期能够利用其广泛的个人网络使企业更加成功,企业家社会资本对企业经营活动具有非常重要的作用。Hoang,Antoncic (2003)认为,依赖网络资源并不局限于创业阶段,随着中小企业发展,企业家能够继续依赖社会网络资源、业务信息和建议,解决企业发展中存在的问题。Davidsson,Honig (2003)通过实证研究提出企业家社会资本可以协助提供、传播重要信息和必要的资源,确实能够提高企业销售能力。Watson (2007)通过实证研究表明,中小企业家个体社会网络能够帮助企业提供重要的信息资源,并且企业家所拥有的正式和非正式社会网络都会对中小企业绩效产生积极影响。Kemper等(2013)的研究表明管理层的社会资本为公司提供了重要的信息和控制利益,能促进企业有效获取所需知识和资源建设卓越的组织能力。尤其是在中小企业中,企业家的人力资本和社会资本往往为企业创造机会,是中小企业成功的关键。企业家领导力发展不可避免地显示出超强的技能和领袖能力,而这种能力往往需要和依赖于企业家社会研究资本的增强。Stam等(2013)利用Meta方法实证研究表明企业家社会资本对企业绩效具有明显正向显著关系。国内学者也得出类似的结论,蒋春燕和赵曙明(2006)以中国江苏和广东两省新兴企业为研究对象,实证表明组织学习在社会资本和组织绩效中起到了至关重要的作用。孙俊华和陈传明(2009)研究发现,企业家的社会网络规模越大,其动员能力越强。王栋和陈永广(2010)认为,企业家社会资本有利于创业企业获取信息和资源以及建立正统性,可以帮助企业获取信息和资源,并提升绩效。郭立新和陈传明(2011)从制度性维度和市场性维度研究表明企业家社会资本对企业绩效产生积极影响。游家兴和刘淳(2011)从权益资本成本的角度研究发现,企业家社会资本有助于降低企业的权益资本成本,且这种功效在法律保护较薄弱的地区表现得更加显著,企业家社会资本对中小企业绩效有显著的正向影响。在中国经济转型时期,Peng,Zhou (2005)研究表明企业家商业社会关系和政治关联显得非常重要。Iona 等(2013)研究表明参加商会的企业绩效要好于没有参加商会的企业。政治关联能够通过制度支持和机构创业机会的识别两种中介机制来改善企业绩效,但是,尽管依赖政治关联可以提高组织管理的合法性,但监管的合法性并不直接为企业业绩做出贡献。企业家开发和利用政治社会资本,有利于公司获得来自外部融资的便利性,能够获得更多的优惠待遇,获得政府税务减免或税收返还等税收优惠,能够改善民营企业的契约实施环境,进而提升企业绩效。

然而,社会资本是一把双刃剑,既有社会的支持,也存在社会成本。Cooper 等(1994)也找不到明显的企业社会资本和公司的生存关系。此外,Zhao 和 Aram (1995)认为企业家建立的社会资本需要大量的时间和金钱,因此,企业家在建立并使用其社会资本时,需要全面考虑其潜在收益与成本。Adler 和 Kwon (2002)认为,如果把信息、影响和团结效应结合在一起,社会资本潜在的负外部性是相当大的,它也会产生很大的风险,诸如强化了领导控制、付出了机会成本、失去了合作机会。Rostila (2011)亦认为,社会资本外部负效应与网络的封闭性有关,即封闭性越高,社会资本则越强,由此负面效应就越凸显。Piotroski 和 Zhang (2014)研究表明中国企业依靠政治关系获得资本,寻租行为比较猖獗,致使国家的目标可能不是资本市场效率最大化。Zhang 等(2014)研究表明政府补贴对企业的长期和短期绩效都会产生显著的积极影响,但是企业家具有政府背景关系会弱化政府补贴对企业绩效的影响。梁莱歆和冯延超(2010)认为具有政治关联的企业家更多地出于自己的政治目的,为了追求个人政治地位,往往会忽视政治成本问题,致使企业家在进行决策时偏离股东利益的最大化;政府为了公众利益也会牺牲企业绩效,向企业家施加干预企业正常运作的压力,有可能会损害企业绩效。邓建平和曾勇(2009)研究发现民营企业的政治关联程度越高,企业的经营效率越差。张雯、张胜和李百兴(2013) 研究表明政治关联对并购绩效有着显著的负面影响,且政治关联的企业并购绩效显著低于其他企业。许年行等(2013)从“违规查处及时性”和“高管变更”两种重要的影响路径研究发现政治关联会削弱中小企业投资者法律保护的执法效率。

1.3.2 企业家社会资本与企业技术创新能力的关系

基于外部环境的复杂和不确定性,企业创新往往需要企业家建立并强化社会关系网络来获取多样化的资源,这就凸显了企业家社会资本对于技术创新的重要作用。Lipparini 和 Sobrero (1994)指出,企业家在有效整合外部资源与创新联系方面具有重要作用。尤其对中小企业来说,更多的是利用企业家及其团队的社会资本来搜索和获取外部资源。社会资本能够帮助企业获取信息、知识和资源机会,并从中获得创新的机会。在企业成长过程中,企业家社会网络是值得信赖的关系网络,此信息通道所传递的信息对于企业进行有效决策的制定是至关重要的。企业家社会网络可以帮助企业克服很多未知或困难,能够帮助企业家获取信息、建议以及支持,还可以帮助企业家寻找新的合作伙伴,进而提升企业影响力。Greve 和 Salaff (2003)的实证研究表明企业家社会关系网络对企业技术创新绩效具有重要作用。企业家所拥有的技术社会资本对企业接受新事物、建立企业网络以及企业发展起到了非常重要的作用。Land 等(2012)的研究结果表明企业家的社会资本可以让企业家进入新的领域,如新的市场和技术领域,收集当前市场信息,促进企业的开放式和探索式学习,进而提升新产品绩效。Gronum 等(2012)通过对澳大利亚 1 435 家的实证研究表明,企业社会关系网能够正向影响企业创新范围。Kemper 等 (2013)利用德国 280 家为企业样本,分析 R&D 投入能力和市场营销能力作为中介变量对企业家社会资本与企业绩效的影响,结果表明企业家社会资本对 R&D 投入能力和市场营销能力都具有显著正向影响,并且 R&D 投入能力和市场营销能力对企业绩效具有显著正向影响。Ebers 和 Maurer (2014)研究表明项目成员可以发展社交技能和关系能力,拓展他们的内部和外部关系获取和整合新知识,提升企业的知识吸收能力。韦影(2007)和吕淑丽(2010)的研究都表明,企业家社会资本可通过其信任作用实现价值,进而提升企业技术创新绩效。史欣向和梁彤缨(2011) 亦证实,作为一种隐性资源的社会资本对研发效率的影响亦不容忽视。因为信任在技术创新过程中扮演着重要的角色,高水平的信任氛围有利于提高专利等科研成果的产出效率。姜卫韬(2012)从企业家社会资本的三个层面研究其对技术创新的影响,并指出各种不同策略对创新绩效的作用路径。曾萍、邓腾智和宋铁波(2013)研究发现尽管企业家社会资本不能直接促进企业的创新,但企业家社会资本可以通过动态能力间接地促进企业创新,而且企业家制度社会资本、业务社会资本和技术社会资本对创新的影响程度不同。耿新和张体勤(2010)以民营科技企业为对象,研究发现企业家商业协会关系、技术协会关系对组织的技术动态能力均有显著正向影响;而企业家的制度社会资本对组织技术动态能力无任何显著影响。李辉和张晓明(2013)的研究也表明技术创新能力在中小企业家政治关联与企业绩效的关系中具有完全中介作用,在商业协会关系、技术协会关系与企业绩效的关系中具有部分中介作用。在中国,政府逐步淘汰其中央计划功能及其经济改革。然而,仍然有许多直接干预商业活动的现象。通过政策和法规,政府决定商业规则和市场结构,通过门槛和成本结构的变化使用监管工具,补贴和税收,政治关联在中国企业经营过程中仍然起着极其重要的作用。王珍义等(2011)研究发现政治关联对技术创新的绩效具有显著正向影响。而且政治关联可以使企业获得外部融资的便利,而外部融资便利性能够在政治关联与技术创新绩效中起到中介作用。巫景飞等(2008)指出政治关联不仅能帮助企业提前得到政府的政策动态,继而创造商业信息优势,同时也能够为企业带来发展所需的各种重要资源与条件,并能够为企业突破各种行业或地区性壁垒提供便利条件。江雅雯、黄燕和徐雯(2012)的研究表明建立政治关联企业参与研发的积极性要明显高于非政治关联的企业,尤其在市场化程度越低的地区,政治关联对研发参与的促进作用越大。康华、王鲁平和杨柳青(2013)同样发现民营企业的政治关系有助于研发活动,地区制度环境越差,政治关联越会显著影响企业经营活动,可见政治关联与市场机制互为补充。李传宪和干胜道(2013)研究得到相似的结果:相对于非政治关联企业,政治关联企业更容易获得政府研发创新补贴。Shu等(2012)的研究表明,企业家商业协会关系可以直接显著影响知识交流和知识结合,而政治关系只能直接影响知识交流。随着中国经济体制的不断改革深化,商业关系会比政治关联更加重要,何大军、王是平和巫景飞(2010)指出在中国企业家各类社会关系中,企业家同行之间的交往最为深入,而与高级政府官员之间的关系则相对较弱,密切同行的交往不仅能够带来丰富快捷的市场情报,为企业创造新的商机,也能够加深企业家们之间的了解,为企业间合作奠定信任基础,是一种重要的市场导向策略。企业家商业协会关系能够帮助企业获取该领域技术专家的认可,获取技术合法性,并使企业家有机会参与该行业技术标准的建立,有利于企业获取创新资源技术的先行优势,从而为企业形成"隐形的保护壁垒"。Dakhli 和 Clercq(2004) 指出广泛的社会参与(诸如加入行业协会等)可以帮助企业形成多样性的社会关系网络,为企业提供技术创新所需的稀缺性资源,诸如专业性人才信息、风险投资政府支持等。更重要的是,这种发达的社会网络关系将会以几何级数增长的方式加速技术成果的扩散,从而为企业的科研成果市场化奠定坚实的基础。

然而,有些学者关于企业家社会资本对技术创新影响得出不认同的答案,吴俊杰和戴勇(2013)实证研究发现企业家技术协会关系对技术创新绩效的提升具有最重要的正向影响作用,商业协会关系次之,而政治关联对技术创新绩效的影响作用并不显著。陈爽英等(2010)发现企业家银行关系和技术协会关系对民营企业研发投资倾向和研发投资强度均具有显著正向影响,但企业家的政治关联对民营企业的研发投资倾向和研发投资强度呈现显著的消极影响。丁重和邓可斌(2010)发现政治关联对于企业的技术效率改进没有显著影响,反而使得大规模企业的创新效率有所降低。梁强等人(2011)从行业特征进行的分析表明,高新技术企业政治关联对技术创新没有显著影响,而对于非高新技术企业,政治关联的保护机制有利于企业的创新投入。曾萍和宋铁波(2011)以珠三角的166家企业为调查对象,实证研究发现政治关联对技术创新的绩效没有直接影响,而是要通过组织学习和动态能力作为中间变量才能提高创新绩效。江雅雯等(2011)研究发现被动形成的政治关联弱化了企业技术创新的动机,而主动的政治关联对企业的创新活动有着显著的正向影响。陈爽英等(2012)认为政治关联更容易获得竞争优势而且会减少研发投资倾向和强度。杜兴强等(2012)研究发现政治关联导致了对公司研发投入的挤出效应,即具有政治关联的公司投资于研发的概率更小,投资的强度也更低。进一步对样本进行分组研究后发现,这种挤出效应主要发生在国有企业以及高新技术企业。刘圻和杨德伟(2012)以深圳市中小企业板的101家民营企业为研究对象,在控制了内生性问题后发现,有政治关联的民营企业研发投资更少,这种现象出现的原因是政府用于支持民营企业研发投资的资源没有效率。夏力和李舒好(2013)发现政治关联可以帮助企业获得更多的政府补贴收入,但其技术创新投入反而少于没有政治关联的企业,政府补贴对技术创新的影响不显著;而没有政治关联的企业,政府补贴才会对技术创新产生显著的促进作用。Lin等(2014)的研究结果表明,企业家的政治资本对企业的绿色产品和工艺的创新绩效发挥着显著的负面作用。政治关联通过股东或首席执行官和慈善事业可能带来财政补贴、政府合同、信用贷款或免税,规避监管和污染处理环境问题,从而导致创新动力不足。

1.3.3 企业技术创新能力与绩效关系

国内外学者对企业技术创新和绩效关系进行了较为丰富的研究。大多数研究利用研发支出R&D作为创新的主要指标。Griliches (1986)发现,更高的研发投资会导致美国公司更高生产率的增长。Lichtenberg和Siegel (1991) 使用美国公司1972~1985年之间的面板数据研究发现研发投资对公司绩效有显著正影响。类似的结果也出现在其他国家,Goto和Suzuki (1989)发现,日本制造业公司生产力的发展与积极研发投资的增长显著正相关。Wakelin(1998)发现,英国公司研发强度对生产率增长具有正向且显著影响。Adamou和Sasidharan (2007)对印度制造企业的研究表明研发强度对销售增长产生积极的影响。孙维峰和黄祖辉(2013)实证研究发现,中国上市公司研发支出与企业绩效显著正相关,在小企业中更加显著。也有部分学者研究发现,创新研发对企业绩效有负面影响。例如:Ayadi等(1996)认为企业研发降低了投资回报率,还有学者认为创新研发对企业绩效的影响是随着企业所处阶段的不同而有差异的。康志勇(2013)发现企业创新投入与企业绩效之间存在倒U型关系,这也反映出在样本期内,我国本土企业创新存在一定的盲目性和过度性。杨百寅和高昂(2013)通过浙江省 1 000 家企业的调研发现,受产品周期的影响,研发资金投入并未显著影响企业绩效,此外,产学研结合与企业创新绩效之间并不存在显著关系,产学研结合的有效性可能在中长期会得到很好的体现,其为企业创造的技术、知识、人才优势可能需要更长的时间来发挥作用。

然而,有人认为用研发支出衡量创新活动存在一些缺点。奥斯陆手册(OECD/Eurostat, 1997)指出,创新投入虽然与技术变革相关,但不会反应创新效果。研发支出并不包含公司实践学习或体现在其新机器和人力资本上的投资。事实上,只有一小部分的创新努力导致创新产出和更好的创新绩效,这就意味着企业可能研发多年但却没有收获好的结果。在奥斯陆手册中,技术创新涉及产品和工艺的创新,而非技术创新涉及营销和组织创新。在大多数的研究中,产品创新作为创新的衡量标准,而工艺创新往往被忽视。Camisón 和 Villar - López (2014) 从产品和工艺创新两个方面,分析技术创新对企业绩效的影响,利用西班牙 144 家企业实证得出产品创新和工艺创新会提升公司绩效。Atalay 等(2013)的分析结果表明,技术创新(产品和过程创新)对公司业绩具有重要和积极的影响。陈修德、彭玉莲和卢春源(2011)利用专利作为技术创新的重要代理变量,实证研究发现技术创新虽对企业价值存在影响,但不十分显著。政府调控对企业新产品创新、三项专利技术创新均产生负向影响。这可能在一定程度上反映了我国经济发展中的实际状况,在很多地方经济发展具有典型的"短期效应"特征,过多注重本地企业发展的短期市场效益,从而关注企业短期的产品更新、创新行为,对具有较长期、持久的基础创新投入动力相对较弱。王铁男(2012)从"资源 - 能力 - 绩效"这一经典模型解释技术创新对企业绩效的影响,并指出技术创新能力是企业的核心能力,影响着企业的产品和服务在市场中的竞争力,进而影响着企业绩效。Cruz - Cázares 等 (2013) 的实证研究表明技术创新效率将对公司绩效有积极的影响。

对技术创新活动对公司业绩影响的研究已将重点转向研究创新过程的复杂性以及创新投入通过什么渠道能够更好地转化创新绩效上。多数研究(Loof, Heshmati, 2002; Loof, Heshmati, 2006; Klomp, Van Leeuwen, 2001)开始针对企业创新的影响因素:公司的规模,出口强度;人力资本;与客户、研究机构或大学合作等。公司运作所处的社会经济环境的特点也可能影响企业创新活动。这些因素包括融资渠道、制度环境和国家特定的文化价值观。Hashi 和 Stojie(2013)的研究表明创新投入对创新产出具有积极的正向显著作用,投资在创新活动中积极影响创新产出。国内外学者的研究主要集中在影响创新投入的决定因素方面,少部分学者以全要素生产率或新产品产值作为创新绩效的代理变量,对创新绩效的问题进行了研究。Astebro (2003) 的研究表明大多数发明获得的仅仅是较低的回报。而通过联合协作或通过购买研发市场,公司可以获得更多的可用资源。Chesbrough（2003）认为，公司越来越依赖于开放创新策略主要有两个因素：技术开发成本上升和产品在市场上的生命周期变短。寻找外部资源的创新可以扩大公司的知识库，使它更容易开发新产品并在市场上成功运作。Leiponen（2005）描述了如何在不确定性的技术发展的同时，使企业更有可能发展壮大，公司应该在外部投资研发上寻求合作，而不是仅关注内部研发。外部合作关系也可以帮助公司分担项目风险，外部创新策略能够促使公司产生更高的利润。开放式创新是广泛采用的公司主要战略，其中包括多个内部和外部数据源来促进知识转移和增强公司的研发性能，外部技术获取和外部技术开发均对公司绩效产生正相关影响。

1.3.4 对已有研究的总体评述

从以上研究综述可以看出，国内外关于企业家社会资本与企业绩效以及技术创新与企业绩效之间关系已有不少研究，总结国内外关于企业家社会资本、技术创新能力对企业绩效影响的研究成果，可以做出以下总结评价：

（1）企业家社会资本（政治关联、商业协会以及技术协会关系）对中小企业绩效的影响尚须实证上的进一步支持。先前的文献研究主要集中于企业家社会资本对资源获取的影响，大多侧重于定性研究，并集中阐述了企业家所具有的社会资本能够帮助企业获取税收优惠、融资便利和政策性补贴等好处，在多数研究中，企业家政治关联对企业绩效的研究正处于发展阶段，但对于企业家商业协会以及技术协会关系对于中小企业绩效影响的实证研究却不多见，此外，大多数研究都关注企业家社会资本对企业绩效的影响，而忽略了企业家社会资本与企业绩效间可能存在的双向因果关系。

（2）将政治关联、商业协会以及技术协会关系置于不同情境下进行研究有一定的拓展空间。一方面，不同所有制下企业家社会资本对中小企业的经济行为可能存在着差异，进而在不同所有制形式下企业家社会资本对中小企业绩效影响是否有显著差异需要进行深入探讨；另一方面，制度环境作为构成企业外部环境的重要部分，对企业的生存和发展有着重要的影响，在这个过程中，由于我国不同区域间经济环境和市场化环境存在较大差异，研究区域环境差异对企业家社会资本作用产生的影响需要更加深入探究。

（3）研究企业家社会资本对于企业直接影响的研究较多，但对于政治关联、商业协会以及技术协会关系通过什么途径来影响企业绩效研究有待加强。先前的文献对社会资本在企业技术创新过程中的作用做了许多理论说明和总结，但将技术创新能力作为中介变量来研究企业家社会资本（政治关联、商业协会以及技术协会关系）对中小企业企业绩效的影响还未见到详细的研究，在经济转型和开放创新背景下，企业家社会资本作为一种资源配置手段，会影响到中小企业技术创新能力,但对企业家社会资本通过何种微观机制影响中小企业技术创新能力,进而影响中小企业绩效缺少系统研究。

基于此,本书将从政治关联、商业协会关系、技术协会关系三个维度,全面、系统地阐释和论证这三种社会资本是如何影响技术创新能力,进而影响中小企业绩效的,这也正是本书开展研究的核心出发点和落笔之处。

1.4 研究内容、方法和技术路线

1.4.1 研究内容

本书针对企业家社会资本、技术创新能力与中小企业绩效之间的关系展开研究,具体研究包括以下七部分内容:

(1)问题的提出以及文献综述。通过阐述研究背景提出本书研究的问题,并在对企业家社会资本与企业绩效的关系、企业家社会资本与技术创新能力以及企业技术创新能力对企业绩效的影响研究现状进行分析与述评的基础上,提出本书研究的目的及意义、研究内容、研究方法和技术路线。

(2)分析本书所涉及的基本相关理论。首先,通过分析企业家理论、社会资本理论,对企业家社会资本的内涵及研究纬度进行界定,并选择测量企业家社会资本合适的方法;其次,在对技术创新相关理论梳理的基础上,界定技术创新能力的内涵以及研究纬度;最后,通过对中小企业进行界定,确定中小企业绩效的内涵以及研究纬度。

(3)在基本理论分析的基础上,通过探索性案例研究对四家案例企业进行对比分析,提出初始理论研究命题。首先,进行探索性案例设计,提出研究问题与理论预设;其次,选择案例企业进行案例数据的收集,并进行数据编码和数据分析;最后,根据结果讨论,初步提出企业家社会资本、技术创新能力和中小企业三者之间的关联性和因果关系。

(4)企业家社会资本、技术创新能力对中小企业绩效影响模型的构建。根据第3章案例研究所提出的初始命题以及基本理论分析,进行相应的理论构建,并提出本书研究的整体概念模型以及32条有待进一步检验的研究假设。

(5)实证研究设计。本章是从理论假设到实证分析的过渡篇章。首先详细描述了研究样本的选择依据、数据的来源以及数据收集过程;其次依据相关文献,对相关的自变量、因变量、中介变量、调节变量以及控制变量的定义与测度进行说明,并设计了数量模型,同时介绍了实证研究中需要用到的方法和工具。

(6)实证结果与分析。本书依据上述理论分析和模型构建,结合研究方法的设计以及变量的设计，对理论部分的32个假设进行实证检验。首先，对样本企业的整体状况进行描述，并对样本企业家的社会资本特征和企业技术创新能力现状进行刻画和描述；其次，利用分组检验，对企业家社会资本－技术创新能力－中小企业绩效进行初步检验；再次，通过相关性分析对模型和理论假设的合理性加以判断；最后，通过多元统计回归分析对32个理论假设进行验证，并对实证结果进行讨论。

（7）研究结论。通过对本书研究过程的概述，归纳了研究的主要结论，总结了本书研究的理论贡献和实际意义。

1.4.2　研究方法

1. 定性分析方法

在梳理社会资本理论、制度经济学理论和创新理论等相关研究的基础上，形成关于民营企业政治关联、技术创新绩效及公司治理和企业控制变量的指标或量表，并设计实证研究方案；采用探索性案例研究的方法，通过多案例的对比分析，征求学术界和企业界专家意见，结合相关理论研究，提炼研究问题，构建关于企业家社会资本、技术创新能力以及中小企业绩效之间的相互作用关系的整体理论框架，以提出初始假设命题。

2. 定量分析方法

以中小企业板上市公司为样本，对相关数据进行挖掘、搜集、定量编码整理、形成数据分析库，并利用多元统计方法对非平衡面板数据进行实证研究，分析企业家社会资本、技术创新能力对中小企业绩效的影响作用机理，并利用理论研究、实际调研和实证研究结果对相关实证关系做出更为深入的解释。

1.4.3　技术路线

本书的研究主要基于转型经济背景下的中国企业进行以下研究：

一是分析企业家社会资本的不同维度对中小企业绩效的直接影响；

二是引入“技术创新能力”这一中间变量，从企业内部来分析企业家社会资本的不同维度对中小企业绩效的间接影响；

三是基于中国地区和市场化进程的不同制度环境下，分析制度环境差异对企业家社会资本与中小企业绩效关系的调节效应，进一步探讨企业外部制度环境的调节作用，本书总体研究方案与技术路线如图1.3所示。

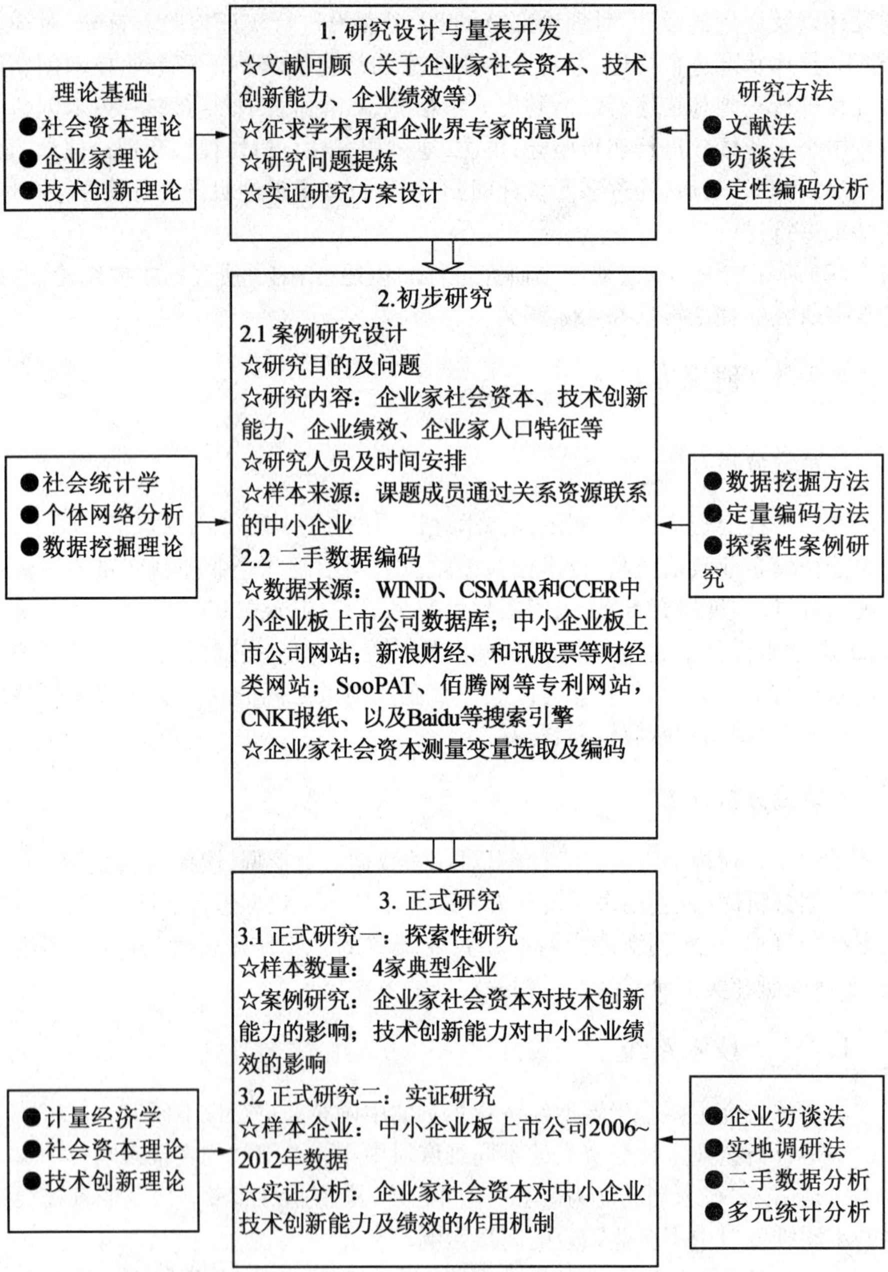

图 1.3　整体研究方案与技术路线图

第2章　理 论 基 础

2.1　企业家社会资本

2.1.1　企业家理论

企业家理论的建立和发展是随着社会分工和商品经济的不断发展、变化而演进的。从经济学角度分析，企业家理论的发展历程大致分为三个阶段：古典经济学、新古典经济学和新制度经济学。

古典经济学时期主要指的是17～19世纪，以亚当·斯密的劳动价值论为代表的一系列经济学思想。古典经济学家的立足点是牛顿的机械论，主要讨论商品的生产、交换和消费等人与自然的关系，即使涉及社会关系，也把它看作有客观规律可寻的。在这一时期的经济文献中，"企业家"（Entrepreneur）这一词语最早由理查德·康替龙（Richard Cantillon，1697—1734）在其著作《商业性质概论》中提出，他将社会划分为三个阶级：君主或土地所有者、企业家和受雇者，后两个阶级是依靠土地来维持生活和致富的。Richard Cantillon对企业家阶级以及整个社会阶级的划分，反映出当时资本主义阶级关系的不成熟性，并且土地所有权的作用远远大于资本权利的社会经济状况。然而，值得肯定的是他描述了企业家在财富生产中的重要地位，并把企业家界定为不确定性的承担者、敢于冒险的人，这一点恰恰是把握到了企业家最普遍的特点，为后世经济学家所沿用。萨伊（Jean Baptiste Say）很好地发展和继承了Richard Cantillon的社会分层视角划分企业家的思想，第一个从经济学范畴对企业家做了界定，他认为企业家必须具有一种能够预见产品需求、发现顾客，能够将生产要素有效结合的能力。

新古典经济学是从20世纪二三十年代的自由资本主义理论阶段发展而来，马歇尔（Alfred Marshall，1842—1924）是新古典经济学派的创始人和奠基者，是先前企业家理论的集大成者，他认为企业家最基本的属性应该是劳动者和消费者之间的“中间人”，其作用就是组织协调生产要素、产品买卖双方的关系；企业家的另一个重要职能是风险承担，他认为经济活动是由一连串未知的东西构成，经营活动本身蕴含着巨大的风险，除了面对经济环境风险，还面对着系统性风险，因此，他认为企业家应该具有一定高度上统领全局的领导才能。新古典经济学发掘了经济活动的主观面，其分析的出发点是从事经济活动的当事人的快乐或痛苦感等主观感受，但其分析的落脚点仍是商品。熊彼特（J. A. Schumpeter，1883—1950）对马歇尔的企业家理论做出了重大的推进，他认为创新是企业家的本质，企业家需要进行创新是因为创新能够给企业创造出更多的盈利机会，所以企业家成为完成新组合的必然主体。熊彼特的企业家理论从企业家精神、能力角度进行分析，为后续研究者提供了研究企业家的新视角。

新制度经济学产生于19世纪六七十年代，在新制度经济学家看来，制度是当事人交易过程中缔结契约的结果，由于信息、理性等原因，可能导致契约缔结过程出现瑕疵，就会影响到资源配置，所以需要对契约关系进行治理，不同的治理机制设计和治理理念构成了学者们对现实世界的看法。新制度经济学的鼻祖科斯（1937）在《企业性质》中对企业制度形成中企业家的重要作用进行了开创性的研究。他认为，组织中权威支配性的生产要素能够产生比市场交易成本更低的状态的时候，企业就产生了。在该过程中企业家的作用有两个方面：第一是企业家的控制成本低于市场平均成本，使得企业成为市场价格机制的替代品；第二是企业家能力有限，他不可能使企业的控制成本持久低于市场成本。因此，企业家的边界就是企业的边界。交易成本经济学主要基于比较静态的分析方法，并没有有效解释制度的演变过程。一个完整的制度动态学是诺思（1990）后来建立的。在诺思看来，制度是一个社会的游戏规则，它构造出了人们在社会、政治或经济方面发生交易的激励结构，制度变迁决定了社会演进的方式。诺思假定从事制度变迁的当事人都是企业家，当技术进步、要素价格比率变化或者信息成本变化导致了相对价格变化时，就产生了潜在的盈利机会，企业家为了捕捉这种机会，就需要获取相应的知识，获取知识的过程体现为可观察的衡量和实施成本的变化过程，以及围绕合同签订和执行进行改变或重新谈判所产生的可观察损益的变化过程。如果企业家的偏好发生变化，上述知识获取过程仍然会出现。当盈利机会出现或偏好改变时，企业家就有动力从事一项新的交易或改变原有的旧交易，但是，任何交易总是在一定规则下进行的，在改变的动力出现时，原有的规则就可能不适应新的交易，企业家需要通过谈判等建立新的规则来适应新交易。新规则的建立过程就是企业家获取知识的过程，企业家既可能通过正式规则的设计来提炼和规范交流知识，也可能通过学习、创新和模仿等行为来适应环境，从而演化出正式规则和非正式规则。卡森（Mark Casson，1982，1991，1995）认为企业家是擅长对稀缺资源的配置做出判断性决策的人，企业家能够凭借自身的决策力，通过多元化活动来制造市场。因此，市场中才出现了将决策权委托给企业家的人，形成委托代理关系，还构建了企业家市场均衡模型。阿尔钦（Armen Alchian）指出为了防止企业内部搭便车问题，就需要有专门的人员从事监督其他成员的工作。张维迎（1995）进一步阐释表明监督者还必须是团队固定投入的所有者，因为非所有者的监督成本会很高，只有具备企业家才能又同时拥有足够资本的人才能够被认为是合格的企业家。

企业家理论完成了从单独研究“个体”本身，到将企业家置身于企业和市场整个大环境中加以深入分析的转变，企业家的内涵从理论的角度得到了充分的展示，也在新制度经济学的发展框架下得到了圆满的解释，上述研究为本书探讨企业家社会资本的内涵奠定了理论基石。

2.1.2　社会资本理论

“社会资本”的概念最初是由经济学的资本概念演变而来的。古典经济学把生产要素分为三种：土地、劳动和资本，这里的资本指的是以交换的媒介为体现形式的价值凝结物，有具体的物质形式。1960 年舒尔茨和贝克尔把人力资本引入经济学分析之中，认为社会拥有的受过教育和训练的健康工人决定了古典生产要素的利用率。他们提出的人力资本概念的贡献在于使得资本首次摆脱了具体的物质形态而向广义的、抽象的层面扩展，并成为可以带来价值增值的所有物质和非物质资源的代名词，因而为社会资本理论的提出奠定了基础。诸多学者认为社会资本是物质资本和人力资本以外的无形资源形式，那么，不管用什么概念来表述，这种资源形式都是一个需要加以认真和系统研究的对象。在对社会资本的定义上，不同学者从各自的研究领域和研究对象出发，给予了不同的界定标准。社会资本概念起源于 19 世纪社会学的经典著作，但它的传播主要归功于更近的两位社会学家皮埃尔·布迪厄（Pirre Bourdieu，1980）以及后来的詹姆斯·科尔曼（James Coleman，1990）的著作。皮埃尔·布迪厄认为社会资本是真实或虚拟资源的总和。对于个人和团体来说，由于要拥有的持久网络是或多或少被制度化了的相互默认和认可关系，因而它是自然积累而成的。詹姆斯·科尔曼认为社会资本是根据它们的功能来定义的，它不仅仅是某种单独的实体，而是具有各种形式的不同实体，它们由构成社会结构的各个要素所组成，为结构内部的个人行动提供便利。罗纳德·伯特（1992）提出社会资本指的是朋友、同事和更普遍的联系，通过他们得到了使用资本的机会，企业内部和企业间的关系是社会资本，它是竞争成功的最后决定者。罗伯特·普特南（1993）则认为社会资本是指社会组织的特征，例如信任、规范和网络，他们能够通过推动协调的行动来提高社会的效率。亚历山德罗（1995）认为：社会资本指的是，处在网络或更广泛的社会结构中的个人动员稀有资源的能力。福山（1998）认为人与人之间的信任程度作为一种深层次的文化规范构成了社会资本，是决定社会交往和企业组织形式的有效基础，信任度越高的社会，社会资本就越丰富，人们的合作和公益精神就越强，越容易形成密度较高的互助性社会团体，商业交易成本将会降低。李路路教授是中国较早提出企业家社会资本思想的学者，他从微观和宏观两个层面揭示了社会资本对私营企业家的影响。张其仔教授（1999，2000，2004）作为国内第一个对社会资本进行系统研究的学者，他从两个角度给社会资本下了定义：从功能角度来看，社会资本可视为一种将行动者的外部影响内部化的社会资源；从社会网络的角度看，只有特殊类型的社会关系才可以称得上是社会资本。厉以宁（2013）指出社会资本是一种无形资本，体现于人际关系之中，个人在创业时，物质资本、人力资本、社会资本三者缺一不可。

综合上述学者观点，社会资本是处于一个共同环境之内的个人、组织通过与内部、外部对象的长期交往、合作互利形成的一系列认同关系，以及在这些关系背后积淀下来的历史传统、价值理念、信仰和行为范式。从社会资本的所有主体上看，社会资本可以分为个体拥有的社会资本、组织的社会资本以及整体共同体的社会资本。从社会运行分析上看，社会资本是沟通个人和制度的中间物。个人行为能否实现个人理性和社会理性的和谐，以及制度能否解决集体行为的困境，不仅取决于个人和制度本身，还取决于双方联系的中间媒体——社会资本。

2.1.3 企业家社会资本的内涵及界定

1. 企业家社会资本的内涵

企业家是具有建立、管理和承担公司责任与风险的个人，企业家需要信息、资源和能力来运作企业。企业家精神实质是整合资源，为了获得更多的支持、技术和相应的资源，可以通过社会资本来帮助获取。随着对企业家研究的深入，将社会资本纳入进来为企业家的研究开拓了新视野。企业家社会资本属于社会资本的微观层次或者个体层次，是社会资本理论的新兴分支。个人的社会资本来自于他（她）的人际关系和资源，并利用其影响力获取的各种关系。Westlund 和 Bolton（2003）从社会问题说的角度定义企业家社会资本，认为企业家社会资本可以解决企业存在的问题，实现技术创新。企业家社会资本是和开拓新途径、创立新企业并解决社会问题联系在一起的，其形成和演变是多种因素综合作用的结果。Hmieleski 和 Carr（2008）指出企业家社会资本是企业家获取社会资源的能力。Anderson 等（2007）认为企业家社会资本是产生于社会相互交往的社会关系性物品，它不是被拥有的，而是表现为存在于社会网络关系中的备用信誉，而且它可以被看作循环反复的相互间资金交换或不交换的相互依赖。Acquaah（2012）认为企业家社会资本是通过董事长或总经理个人的社会网络与企业外界（包括供应商、客户、竞争者、协会、政府和社区组织等）取得联系的资源。Cantner 和 Stützer（2010）认为企业家社会资本是通过与其他人或机构的联系获取到有形或无形的资源。Cao 等（2012）认为企业家社会资本是指他（她）与不同部门的成员或企业内部成员的联系。创始人的数量关系是其总的外部关系，代表网络联系强度（Adler 和 Kwon）。创始人必须谨慎决定组织通过大量的弱关系网络提供多样化的信息，通过强联系，提供隐性资源。企业家社会资本能够提高公司的创新精神以及承担风险的能力，并能够帮助企业家增加知识，提升其意识和战略高度，有效地动员和协调企业资源能力。

国内学者对企业家社会资本这一概念也进行了一些探索性研究，李路路（1995）认为企业家社会资本即是企业家拥有什么样的社会关系，周小虎（2004）认为企业家社会资本就是其在社会价值规范下拥有的关系网络价值。惠朝旭（2004）提出企业家社会资本就是个人拥有的社会资本的一种，以企业家个体依附为特征，是以企业家为中心节点的社会网络体系、社会声望和信任的总和。杨鹏鹏（2005）认为企业家社会资本是企业家利用其社会网络获取企业所需资源的能力。宇红和刘琛（2006）认为企业家社会资本是建立在信任、网络和规范基础上，嵌入在社会关系网络中的实际和潜在的资源的总和。贺远琼（2006）提出，企业家社会资本是企业家通过社会关系网络获得的信息、技术和资金等资源，有利于提高企业绩效。彭正龙和姜卫涛（2008）指出企业家社会资本主要指调动企业家关系网络中的社会资源，以获取企业家机会的能力。贺远琼、田志龙和陈昀（2008）界定企业“高管”的社会资本是企业“高管”的一种无形资源，是可以为企业带来利益或潜在利益的社会关系网络，通过这种资源有助于企业获得物质的、信息的和感情的帮助，从而实现企业目标。孙俊华和陈传明（2009）认为企业家社会资本是企业家嵌入的社会网络及其对嵌入社会网络中资源的动员能力，其动员的结果是获得各种稀缺性的资源。张文江（2009）认为企业家社会资本和企业社会资本具有互通性，企业家社会资本通过动员网络资源变成企业社会资本。李淑芬（2012）认为，应从企业家社会网络结构和企业家网络能力两个方面来定义企业家社会资本，即企业家社会资本是建立在信任规范基础上的，是以企业家个体为中心节点构成的社会网络及企业家的网络能力。卿涛和张征把企业家社会资本定义为依附于企业家的一种社会关系网络，这个网络建立在声誉、信任、威望及合法等的基础上，通过这个关系可以为企业发展获得所需资源、能力和机会。

本书研究的企业家社会资本是沿着企业家在社会经济发展,尤其是企业经营发展中的作用这条主线展开的。鉴于中国特有的文化情景,中国企业家社会资本必然与西方存在较大的差异。纵观国内外学者对企业家社会资本概念的各种界定,本书认为企业家社会资本就是企业家个人所能够调动的内外部网络结构资源以及社会关系所能获取的各种稀缺资源的总和。

2. 企业家社会资本的界定

企业家社会关系作为社会资本的一种形式能够帮助企业获取稀缺资源,提升企业竞争力。然而企业家建立社会关系有很多形式,本书借鉴国外学者 Peng 和 Luo (2000)、梁强等(2011)的观点,研究我国中小企业普遍存在的三种联系:政治关联、商业协会关系和技术协会关系对中小企业绩效的影响。

政治关联是企业与政府之间的一种特殊关系,作为一个刚刚兴起的研究领域,目前学术界还没有一个明确的定义。不同学者关注问题的角度以及制度背景存在差异,在研究政治关联的时候并没有一致的定义和度量方法。国外学者度量政治关联的主要方法是,只要公司的大股东、高管(包括 CEO、董事长、副董事长和董事会秘书)或董事会成员与某位高官以及政党有紧密联系,就都认为是有政治关联;某些学者以公司是否提供捐赠、捐赠金额的多少与捐款比例等度量政治关联;也有些研究以国有股比例作为政治关联的度量标准。国内学者对政治关联研究常以企业家是不是人大代表或者政协委员来度量,并用各级人大、政协的级次来衡量政治关联的程度;此外,还有一些学者也开始用企业的公益捐献来衡量政治关联。在借鉴现有研究的基础上,本书对政治关联界定为满足以下两个条件之一者:第一,企业家现任或曾任政府部门官员;第二,企业家为人大代表或政协委员,具有参政议政能力。

商业协会关系是指,企业家是各种工商业联合会和地方民间商会组织成员。对于那些没有政治头衔的企业家,他们可能通过参与商业协会来维护其自身利益。本书所指的商业协会是以地域为界限,由所在地区各个不同籍贯、不同行业的工商业者共同组成的经济类社团组织。在当前,我国最具代表性和权威性的商业联盟主要是工商业联合会(比如全国和地方工商联),这种商会主要作为相应级别的政治协商部门而存在,具有半官方性质,协会负责人一般经由政府部门任命,政治关联度较高;另外一种广泛探讨的商业协会是民间组织自发形成的行业协会,诸如某些来自同一地域的企业建立起了商会、同乡会之类的组织,是政府部门批准成立但具有较高自主性的民间商会组织,随着改革的深化和民营经济的不断发展壮大,民间商会组织发挥着日益重要的作用。

技术协会关系是指,企业家在所处的行业协会任职,扩展其社会关系网络,进而拓展其处事能量，影响其信心。技术协会是由竞争者组成的，在一个广泛而迅速扩张的领域通过相互利益所构成的一个合作性组织，其目的在于促进和提高该行业中一项或多项经济利益或者覆盖该领域所有成员的经济利益。作为一种专业型的社会组织，行业协会规定了组织成员资格、研究领域方向、技术发展路径和协会成员之间的行为规范。诸如企业家现担任各种专业协会（诸如机械、电子技术、化学、纺织、生物和医学等）组织成员、理事、理事长或专家委员会成员。

需要进一步说明的是，尽管商业协会和技术协会都是中介组织，都属于非盈利性组织。然而，由于其在组织、性质和功能等方面相类似，我国理论界对于商业协会和行业协会的概念没有明确的区分，参考世界上市场经济发达国家商业协会和行业协会的区别，本书认为，商业协会和行业协会是两个完全不同的组织。行业协会和商业协会在为会员提供服务与内部职能方面的功能基本是相同的。但商业协会所提供的信息咨询一般是综合的，而行业协会提供的信息一般是与本行业密切相关的。厘清商业协会和行业协会在市场经济条件下的性质和功能之间的差异，不仅能为后续进一步研究奠定理论基础，同时对于我国全面深化改革状态下如何发挥商会和行业协会作用具有一定的指导意义。

2.1.4　企业家社会资本的测量

林南认为，一个好的理论一定要能够向下扎根，不能空谈。空谈的理论最后总是无法落实的，而向下扎根的一个重点就是计量。企业家社会资本是一个相当具有弹性的术语。其究竟包含什么内容也仍然存在重大的分歧。澄清企业家社会资本的另一个可行的办法就是从企业家社会资本的测量入手，即通过一定的概念化和操作化的方法，把要研究的社会现象转化成一系列可度量的概念和指标。而要把企业家社会资本的概念厘清，可行的办法就是进行操作化的测量。Van der Gaag 等（2008）将社会资本的研究层次划分为个体层次（投资、关系、互惠、资源）和集体层次（信任、规范、凝聚）。社会资本对个体层面的研究有三个方面：一是个体如何投资社会关系以便创造社会资本；二是个体如何利用社会资本来创造回报，如何有生产性；三是个体社会资本如何起作用、在什么环境下起作用。赵延东和罗家德也把社会资本划分为个体社会资本和集体社会资本。根据这些分类，企业家社会资本属于个体社会资本层次。对于企业家社会资本的测量主要有四种方法：名字生成法、定位法、社会网络资源法、资本投入法。

1. 名字生成法

名字生成法有两种类型：一种是通过一个他人列表，让应答者勾出他网络中的成员，这种方法只能用在有明确边界的网络里；另一种方法是提示调查者回忆他的社会网络成员，这种方法是一种测量一般人口的社会资本的方法，不需要先验的网络边界。Van der Gaag 利用定名法的认知原理来获取受访者：家庭结构、空间近距、以前联系以及联系的内容、形式和频率。通过定名法可以询问其熟人的一些情况：角色关系（邻里关系、工作关系），交往内容（如工作事务、事务杂事）或者亲密程度（如相互信任、非常亲密等）。在这份名单中，每个个体自我都包括三到五名熟人，或者包括与其自荐的数量相等的熟人。这种社会资本的测量，可以反映熟人在资源与特征上的异质性和变化范围。正如罗家德所言，定名法主要做两件事：一是得到一群人的名字；二是通过分析关系人之间会有什么关系，得到一个网络结构。内地的研究者如 Chen 受到 Lin 的资源、能力、动员三要素的启发，从三个构成要件来测量企业家社会资本：机会因子（企业家文化程度、从业经历、行政级别、成就动机）、结构因子（选择企业内人员代表内组织网络、客户代表市场网络、亲友代表个人网络、社会上的朋友代表环境网络）、转换因子（交往最密切的对象最初如何认识、说得最多的三件事、做得最多的三件事、冲突如何解决）。Moran（2005）采用定名法，通过对产品和销售经理的调查研究，从社会资本的结构面（直接连接、间接连接、网络闭合性）和社会资本的关系面（关系亲密性、关系的信任）两个方面进行测量。Batjargal（2007）通过定名法用六个问题来测量社会资本，调查得到的数据往往会更多反映强联系、强角色关系或地理限制紧密的联系。与 Burt（1992），Rodan 和 Galunic（2004）的研究一样，Chollet 等（2014）通过定名法要求受访者在以下四个情况下给出他们有接触的人的名字或姓名缩写：（1）在做重要决定之前向谁获得建议；（2）在分析商业趋势和竞争过程中向谁询问和请教；（3）招聘什么样的员工；（4）向谁咨询解决技术问题。

2. 定位法

位置生成法测量社会资本是由 Lin 和 Dumin（1986）提出来的，其基本思想是 Lin 的社会资源理论：经济（财富）、政治（权力）和社会地位是普遍存在的有价值资源，它们不是均匀分布在社会之中的，而是按照社会地位高低呈现金字塔形分布，我们可以通过职业声望来对其进行标识。如罗家德所言，定位法主要解决两个问题：资源从哪里来和这个资源是不是可以有效被关系所取得。Lin，Fu 和 Hsung（2001）把位置生成法从职业延伸到社会中权威、工作单位、阶级或部门。Erickson（2004）基于定位法的思想进行了改进，它不仅是测量职业，而且把拥有不同数量或种类的资源的人进行分类汇总。林南（2007）后来也认为，定位法用职业量表，但不一定局限于用此量表。边燕杰和丘海雄（2000）用三个指标测量企业社会资本：企业法人是否在上级机关任职过，企业法人代表是否在跨行业的其他任何企业工作过并担任过管理、经营等领导职务，以及企业法人代表的社会交往和联系是否广泛，前两个指标完全是采用定位方法进行测量，而企业法人代表的社会交往和联系则需要采用Likert量表方法获取。这两位学者从企业家的纵向、横向以及社会联系三个指标展开测量的范式大大影响了中国学者对企业家社会资本的测量。马丽媛（2010）从纵向关系网络、横向关系网络和社会关系网络对企业家社会资本进行测量，并利用定位法对纵向关系和横向关系网络进行测量，社会关系网络采用企业声誉来近似代替企业家的社会资本。陈爽英等（2010）利用定位法将企业家社会资本划分为政治关系资本、协会关系资本以及银行关系资本三个维度进行测量。梁强等（2011）采用定位法对企业高管建立进行编码，获取企业家的政治关系、商业协会关系以及专业协会关系。Van der Gaag（2005）认为企业家社会资本的测量应该包括网络成员的政党身份、对政府规章制度的了解程度。企业的政治关系现象在世界各国普遍存在，特别是在制度不完善的国家和地区。中国目前正处在经济转型时期，在中国要想了解一个人可以接触到多少政治资源就可以用其政治上的位置来获取到。企业家的政治关系资本是企业家社会资本非常重要的组成部分。李路路（1995）用企业家本人所选择的与他交往最密切的亲戚和朋友的职业地位和职务来测量企业家社会资本。张其仔（2004）通过测量企业家是否是个协成员、行业协会成员、商会会员、共青团员、共产党员以及民主党派来测量定位其所有的社会资本。巫景飞等（2008）采用定位法测量企业高管的政治网络，将其分为三个维度：党派资源（是否是中国党员或民主党派）、地方政府关系资源（是否在地方政府部门工作过、是否担任地方"两会"代表、是否受到地方政府颁发的奖励）、中央政府资源（是否在中央政府部门工作、是否担任"两会"代表、是否受到过国家奖项）。魏江，寿柯炎和冯军政（2013）亦采用定位法从企业家的本地政治关联和中央政治关联进行度量；同时，国内诸多学者（徐业坤、钱先航和李维安，2013；曾萍和邓腾智，2012；李维安和徐业坤，2012；邓建平和曾勇，2009；邓新明，2011；王庆文和吴世农，2008；潘越、戴亦一和李财喜，2009）亦通过定位测量企业家是不是人大代表或者政协委员来度量，并用各级人大、政协的级次来衡量企业家政治资本的程度。

3. 社会网络资源法

Lin（2001）从三个方面进行考虑：取得资源的社会联系的广度、联系的高度和联系的多样性。Ingram和Roberts（2000）对悉尼酒店经理的社会网络的测量包括与竞争者的友谊（经理在被视为竞争者酒店中的朋友数量）、与其他酒店的友谊（经理在不被视为竞争者的酒店中的朋友数量）、友谊网络的内聚力（经理的朋友当中所有可能的连带中实际存在的连带百分比）、竞争网的内聚力、互惠友谊等。Lee和Tsang（2001）通过调查受访者与商业伙伴沟通频率、沟通范围（数量）测量企业家社会资本。Shane和Cable（2002）把企业家的社会网络连带分为直接连带和间接连带,设计了四个题项,并利用 Likert 量表对其进行测量。Batjargal(2007)在这前两位研究者的基础上,对测量的内容进行了修改,包括三个部分:以前的关系、第三方的推荐以及强连带,亦通过五点量表进行测量。Witt(2004)从三个方面来测量:一是"构建和维护网络联系人的活动",用构建网络所花费的时间、与实际和潜在的网络合作伙伴联系的频率来测量;二是"已存在的网络结构",用企业家网络联系人的数量、企业家网络(家庭、朋友、其他)的多样性来测量;三是"网络伙伴提供的信息和服务",用提供信息的频率、从网络伙伴获得支持的程度来测量。Jenssen 和 Greve (2002)采用三个维度来测量企业家社会资本:弱关系数量、强关系数量和社会网络冗余。依据 Krackhardt (1992)提出的测量方法,可描述企业家可接触的熟人或亲密朋友的数量,并以此来界定弱关系或强关系;依据(Burt, 1992;Hansen, 1995)的研究可来界定企业家社会网络冗余。Chrisman 等(2005)和 Lin,Li 和 Chen(2006)从强、弱关系(父母、亲戚、同学或朋友的关系网络)两个方面对企业家社会资本进行度量。Bradley 等(2012)将企业家社会资本分为强关系(家人、朋友)和弱关系(商业伙伴、供应商、客户),并通过 Likert 量表进行调研获取。Ge 等(2009) 采用 Likert 量表测量企业家的网络规模和强度,其中网络规模包括竞争对手、客户、供应商、大学、政府和代理机构的联系,网络强度采用三种测量方法,一是与这种关系认识的时间(几年),其他两项是亲密程度和交往频率。Capelleras 等(2010)以网络视角,通过面对面调查南美洲 4 个国家 647 家企业,针对企业家的个人网络进行调查,问题是企业家是否接受过来自家人和朋友的支持和帮助,是否接受过来自更多资源支持:银行家、大企业负责人和公共机构成员,同时将这些联系成员数量加总求和得出企业家社会资本。Brink (2011)对丹麦 93 家中小企业家问卷调查其所有的社会关系资源。Cao 等(2012)从两个方面测量 CEO 的社会资本,其中一个是按照 Collins 和 Clark (2003)询问 CEO 的社会关系,并采用有限边界的定名法(Laumann, Marsden 和 Prensky, 1983; Wasserman 和 Faust, 1994)询问 CEO 的社会关系,另一个是利用 Blau's (1977) 多样性指数来测算 CEO 的社会资本多样性。Kemper 等(2013)把企业家(高管)社会资本分为商业协会关系和政治社会资本,并利用 Likert 量表对其进行测量。

在中国情境下的社会资本其实就是一种社会关系网络,中国高管社会关系有两方面非常重要:一种关系是企业家与供应商、客户和竞争者的关系;另一种是与政府关系。Peng 和 Luo(2000)两位学者采用问卷的形式对企业家所具有的政治关系和商业社会关系进行调查。国内的学者周小虎(2002)从理论上分析认为企业家的行为是嵌入于组织的社会行动之中的,企业家社会资本的构成首先表现为关系网络的数量和质量,这些网络按照类别可以划分为企业家与顾客、供应商、销售商构成的市场网络，与股东、员工、合作伙伴等构成的内组织网络，与政府、银行等组织构成的环境网络，企业家个人的血缘网络、地缘网络以及学源资本组成了个人网络。李博和闫存岩(2006)从市场网络、内组织网络、环境网络(包括政治网络资本)、个人网络以及信任与声誉五个方面进行测量。贺远琼、田志龙和陈昀(2007,2008)用市场社会资本和非市场社会资本来测量企业家(企业高管)社会资本。张玉利、杨俊和任兵(2008)对企业家社会资本的测量包括网络规模(创业者春节拜年网络中亲戚、朋友与熟人的人数汇总)、网络密度(相互拜年交往的亲戚数量除以拜年网中所有成员的数量所得的比重)、网络资源(春节拜年网络中联系人单位的数量加总、单位地位汇总、职业数量以及职业声望汇总)。石军伟、胡立君与付海艳(2009)在借鉴耿新(2008)，Peng 和 Luo(2000)，Acquaah M (2007)等的测量项目的基础上，通过制度性社会资本和市场性社会资本来测量企业家社会资本。Shu 等 (2012)、郭立新与陈传明(2011)亦在借鉴耿新(2008)，Peng 和 Luo(2000)，Acquaah (2007)等的测量项目并相应修改的基础上，从企业家制度性社会资本和企业市场性社会资本两个维度来测量企业家社会资本。耿新(2010,2013)借鉴 Collins 和 Clark(2003)的研究处理方式，从规模、强度和异质性三个方面对企业家制度社会资本、技术协会关系和商业社会资本三个维度进行测量。罗家德认为社会资本在管理学界中测量，最常被引用的是 Nahapiet 和 Ghoshal(1998)提出的三个维度：结构维度(包括网络关系、网络结构和可使用的组织)、认知维度(包括共有编码、共同语言和共同叙事)以及关系维度(包括信任、规范和认同)。Jonsson 和 Lindbergh (2013)、魏虹与陈传明(2013)、吕淑丽(2008)从企业家外部和内部社会资本两个视角来度量企业家社会资本的三个维度：结构维度(用企业家与企业内外部联系的频繁程度、密切程度以及联系对象的数量、联系所需要花费的时间测量企业家结构维度社会资本)；关系维度(用企业家与企业内外部联系是否真诚合作、是否信守承诺、是否相互尊重以及与联系双方是否遵守共有规范的状况来测量企业家关系维度社会资本)；认知维度(用企业内外部联系合作时表达方式状况，联系有共同的语言以及联系内存在相似的价值取向对企业家认知维度进行测量)。白璇、李永强与赵冬阳(2012)，李永强等(2012)，Li 等(2013)从认知相似性、信任和连带强度来衡量企业家社会资本，Su 等(2013)从政治网络、金融网络以及商业网络三个方面问卷调查高管的社会资本。

4. 资本投入法

Bourdieu(1985)提出社会资本的生产是人们在社交活动中时间、经历和经济资本的投入过程。那么社会资本的测量就可以从生产投入的角度来进行。在经济活动中，一个玩家在竞技场里至少带来三种资本：财务资本、人力资本、社会资本。前两种都可以用金钱来衡量。企业家社会资本同样可以通过花费在社会关系上的费用来衡量其投入。刘林平（2006）认为资本就是人们投入的成本或付出的代价。人们为了发展社会关系，要投入的东西无非是可以用金钱来计价的物质，可以用时间来计算的时间成本，以及难以计价的如对对方的顺从、尊重、高度评价和配合等。人们用金钱、时间和尊重来获得社会联系或社会关系，而社会网络就是这种社会关系的形式化的描述。刘林平还提出了通过投入费用来测量社会资本。其好处在于：一是把对社会资本的计量与对物质资本和人力资本的计量统一起来，可以相互比较；二是逐一厘清企业广泛的社会联系是很困难的研究工作，上述测量方法避免了这一难题；三是可以非常明确地推算出企业（家）社会资本的投入产出，建立相应的会计制度。张其仔（2004）测量企业家社会资本的密度所用的八个指标其实就是从投入角度来测量的：社会捐赠总额、当年社会捐赠额、社交费用、当年的社交费用、社会捐助占整个企业投资的比重、当期捐助占销售收入的比重、企业销售额、本地销售数量的比重。Greve 和 Salaff（2003）在测量企业家讨论网的时候，有两个维度就是用投入来测量的：一是花在发展关系的时间（小时数）；二是花在维护关系的时间（小时数）。何晓斌等（2013）在探讨新创企业家的社交活动对企业绩效的影响时，提出可以通过企业家对外社交，包括联系生意、开会、公关招待等活动上的时间占所有活动时间的比例来测量企业家社交活动。Cai 等（2005）用公司业务招待费用来反映企业与政府、供应商、客户建立关系的投入程度。

通过上述分析可以看出，企业家社会资本是一种隐性的东西，而要把企业家社会资本厘清，可行的办法就是通过设计量化指标来进行操作化的测量。定名法是社会资本测量工具的先驱，最大的优势就是它的万能性。但像林南所说，定名法的题目设计不容易进行。从现有文献来看，用定名法测量企业家社会资本相对来讲比其他方法要少很多。而定位法是通过每个成员在社会中所处的个人地位来反映出其社会资本情况，不同位置所拥有的资源不一样，并且在我们中国现代社会中个人的社会地位可以通过其所从事的职业和所在的单位能够很好地得到反映，因此在进行大样本数据挖掘时我们采取定位法对企业家社会资本进行测量。同时，考虑到企业家社会资本是一个较为敏感的话题，我们利用社会网络资源法和资本投入法，设计访谈提纲，并运用深入访谈的形式对企业家社会资本进行了解来获取信息。总而言之，本书将利用上述方法测量，利用深度访谈和大样本数据挖掘，研究企业家社会资本的这三种形式对中小企业技术创新能力及绩效的影响。

2.2　技术创新能力

2.2.1　技术创新理论

整个创新理论的起源可以追溯到熊彼特时代,熊彼特(1942)通过对经济发展的深入思考,划时代地提出了创新是经济增长最重要的驱动力的论断。自从熊彼特的创新理论提出以后,被追随者发展成两大分支:一是新古典经济学将技术进步纳入新古典经济学的分析框架中,主要成果是新古典经济学增长理论和新经济增长理论;二是侧重于研究技术创新的扩散和技术创新的轨道和范式等理论研究问题。

1. 新古典经济增长理论和新经济增长理论

(1)新古典经济增长理论

新古典经济增长理论的创立者是美国著名的经济学家、麻省理工学院(MIT)的罗伯特·索洛(Robert M Solow)以及英国著名经济学家斯旺(Swan)。他们分别在1956年提出了新古典经济增长理论模型。该模型假设经济使用两类(资本和劳动)投入生产一种均质的产品,技术进步产生于机遇,是外生变量,假设技术保持不变,政府不干预经济活动,完全由市场这只"看不见的手"对经济进行调节,主要集中考察资本在经济增长中所起到的作用。新古典经济增长理论是以柯布-道格拉斯生产函数为基本模型建立起来的。其理论认为,技术变革率会影响经济增长率,但经济增长不会影响技术变革速度。在没有外力推动的情况下,经济体系无法实现持续的增长。只有当经济在技术进步或人口增长等外生因素作用时,经济才能实现持续增长。然而,这一理论存在一个明显的缺陷,即它把技术进步看成经济增长的决定因素;而它又假定技术进步是外生变量而将它排除在考虑之外,这就使该理论排除了影响经济增长的最重要因素。为了解决这些问题,新经济增长理论产生了。

(2)新经济增长理论

20世纪80年代中期,随着以罗默和卢卡斯为代表的新经济增长理论的出现,经济增长理论在经济20多年的沉寂后又再次焕发生机。新经济增长理论(New Growth Theory)或称为"内生经济增长理论"。新经济增长理论的重要内容之一就是把新古典经济学中的劳动力扩大为人力资本投资,即人力不仅包括绝对的劳动力数量和该国所处的平均水平,还包括劳动力的教育水平、生产技能训练和相互协作能力的培养等,这些统称为人力资本。同时,罗默在1990年提出了技术进步内生增长模型，把经济增长建立在内生技术进步上。

技术进步内生增长模型的函数表达式：$Y=F(K,L,H,T)$

其中，Y是总产出，K代表物质资本存量，L代表劳动力投入量，H代表人力资本存量，T表示技术水平。

技术进步内生增长模型的基本思想：一是技术进步是竞争增长的核心；二是大部分技术进步是出于市场激励而导致的有意识的行为结果；三是知识商品可反复使用，无需追加成本，成本只是生产开发本身的成本。

新经济增长理论的贡献在于改变我们关于增长途径的思维方式，技术水平的不同是导致各国生活水平差异的主要原因，假定技术知识是一个可以生产出来的要素，那么需要着重研究的方面就有：国家怎样才能提高技术水平，怎样有效地进行技术的转移、扩散和增值等，这就引发了有关国家创新系统的探索。

2. 技术创新的轨道和范式

自熊彼特提出技术创新概念后，众多学者提出了技术推动的线性范式，认为技术创新从基础研究开始，而后应该经历应用研究—开发研究—中试—生产—销售等简单的线性过程，如图 2.1 所示。

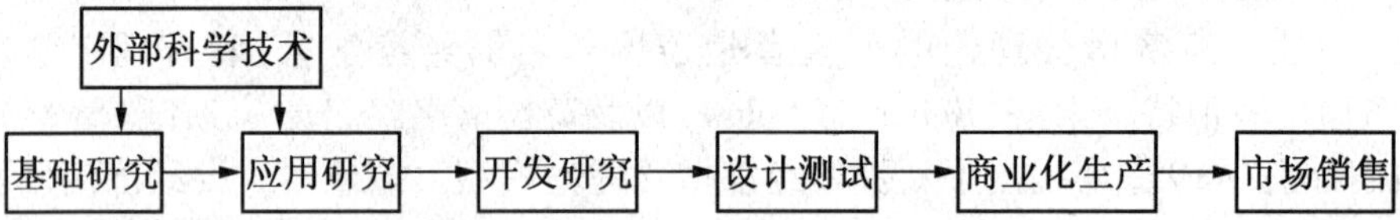

图 2.1 技术推动的线性范式

技术推动的线性范式在 20 世纪 60 年代末开始受到诸多学者的质疑，具有代表性的是美国著名学者施穆克教授于 1966 年在其著作《发明与经济增长》一书中提出的市场增长和市场潜力是决定发明活动的速度和方式的崭新观点，认为技术创新是市场需求引发的结果，市场需求在创新过程中起着非常关键的作用，并提出市场需求拉动的线性范式，具体如图 2.2 所示。

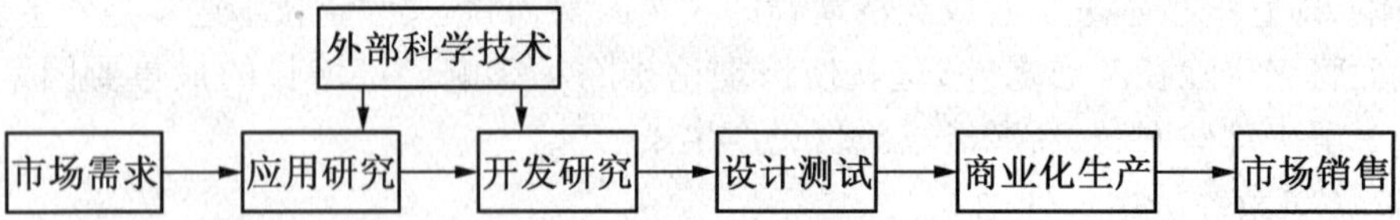

图 2.2 市场需求拉动的线性范式

线性的研究范式是以实证经验性研究为基础的，但由于线性范式过于简单，因而无法有效地描述出实际的技术创新活动，在经济发展过程中市场需求拉动技术创新的观点有失偏颇。莫里厄和罗森博格认为，技术和市场应该相结合，并提出了链环模型，如图 2.3 所示。

后来很多学者研究发现外部的信息交换及协调对于技术创新具有非常重要的作用,因为它可以有效地克服单个企业由于能力受限而不能有效地进行技术创新,并可以有效降低创新活动中的技术和市场的不确定性。此后,创新研究的视野从单个企业内部转向企业与外部环境的联系和互动,导致网络范式的兴起,如图2.4所示。

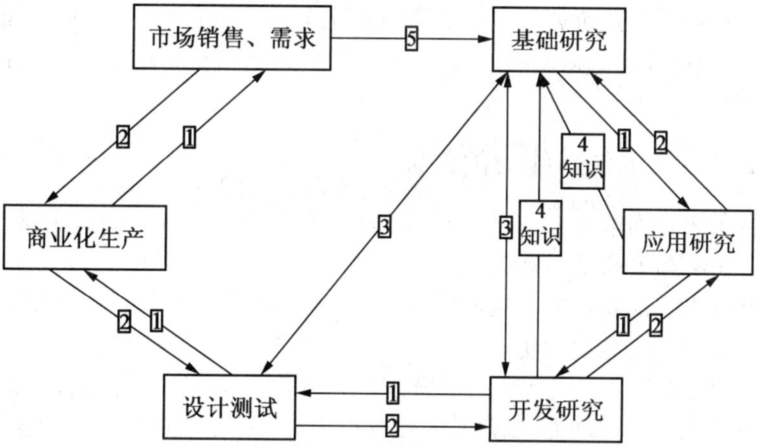

图2.3 技术与市场相结合的范式:链环模型

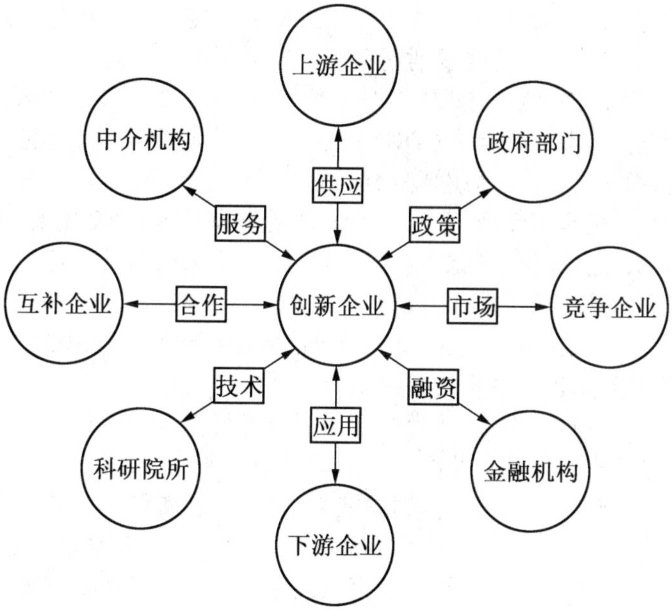

图2.4 技术创新的网络化范式

2003年亨利·切萨布鲁夫又提出了开放式创新这一概念,其内涵是:企业把研发作为一个开放系统,同时利用内部和外部有价值的知识来加快内部创新,并利用外部创新来拓展市场。开放式创新范式假定公司能够并且必须使用内外部的创意,以及内外通向市场的路径以不断发展他们的技术。开放式创新过程把内部创意和外部创意整合到同一个系统和组织架构中,利用商业模式来定义这些系统和组织架构的要求,将商业模式作为价值创造和价值获取的来源,能够使组织保持在其产业价值链中的地位。开放式创新意味着有价值的知识广泛分布,即使是最有能力的研发组织也必须把识别、获取和利用外部知识源作为创新的核心过程。

2.2.2 技术创新能力的内涵

有关技术创新能力概念的界定,国内外不同的学者有不同的定义和理解。例如,Lawless 和 Fisher (1990)认为,新产品的成功推出可以为企业获得更高的市场份额并有可能获得更长远的回报。Evangelista 等(1997)认为研发活动是企业技术创新活动最重要的一部分,并且是最重要的无形支出。魏江和寒午(1998)认为,企业技术创新能力的概念应包括以下几点:一是产品创新能力和工艺创新能力的整体功能;二是技术创新能力是一个系统的能力;三是与企业技术创新战略密切联系的,对应企业技术能力通过技术创新表现出来的、显性化能力。技术创新能力被视为企业创新体系的关键环节,能力生成、扩散和利用经济价值创新,统称为公司的技术创新能力。技术创新能力被定义为一组全面的公司特点,促进和支持公司的技术创新策略。技术创新能力是一种特殊的资产或资源,包括技术、产品、流程、知识、经验和组织,改善技术创新能力可以有利于公司增强竞争力。技术创新能力(TIC)是企业的一种特殊资产,由技术、产品、工艺流程、知识、经验和组织所组成。其包括七个能力维度,即学习能力、研发能力、制造能力、市场营销能力、资源利用能力、组织能力和战略能力。夏维力和吕晓强(2005) 认为企业技术创新能力是指企业在技术创新活动过程中所表现出来的技术开发与转化的条件和力量。李向波和李叔涛(2007) 提出企业技术创新能力不是指独立的产品工艺的研究开发能力、生产能力、营销能力以及市场预测等能力,而是技术创新过程的各种能力的耦合。刘海涛和孙明贵(2009)也从技术创新的过程进行了定义,认为技术创新能力是企业技术创新的资源投入以及技术创新过程中对创新资源的运用活动实施和调控管理的能力,他们将企业技术创新能力理解为一种过程控制的能力,是对创新资源的高效运用以期获得高效产出的能力。Tidd 和 Bessant (2009)强调创新是一个复杂的过程,它应该被评估,而不是作为一个单一的创新投入或创新产出的活动。技术创新是一个漫长而复杂的过程,涉及寻找的阶段,选择、实现及获取价值和一个现实的评估,技术创新活动对公司业绩的影响应该包括创新过程。

中小企业想要发展壮大,必然离不开技术创新,技术创新能力对中小企业成长具有非常重要的作用。综合上述各种观点,本书认为中小企业技术创新能力应该是推动技术创新过程得以实施的系统能力耦合，它是一个系统的能力，由若干个相互联系、相互影响的因素有机组合而成，是技术创新主体实施并完成技术创新过程的诸种内在能力总和。

2.2.3　技术创新能力的构成

国际上对技术创新能力的测度研究始于20世纪80年代，技术创新过程的复杂性，使人难以直接衡量技术创新的质量和数量。但人们可以采用一些替代性指标来反映企业的技术创新活动。从研究的对象看，技术创新能力涉及国家、区域、行业、企业等层面。依据研究对象的不同，测度指标的选择也存在较大的差异。一般而言，测度技术创新能力主要有投入指标（含资源等）、产出指标、环境指标等。投入指标通常包括R&D经费、劳动力、教育、工程技术人员构成、资本等；产出指标主要是专利、新产品、技术贸易、生产率等；环境指标则包括政治法律、社会文化、科技体制、基础设施、网络通信等，其中有的指标是很难定量测定的。总之，各种衡量技术创新能力的指标或方法各有利弊。Hill（1979）认为，不需要对所有的指标进行计算，从某个侧面来研究即可，即根据研究的客体和主要考察的性质，我们可以从某个侧面选择最能反映其性质的指标进行分析研究。就技术实力和技术竞争优势而言，专利活动指标能够很好地揭示其技术创新的能力，因为，专利实际包含或者基本包含了产品和工艺创新的成果与内涵，可用它来测度技术创新能力。在众多类型的创新的分类中最常见的是OECD（2005）奥斯陆手册区分的四种创新类型：产品创新、过程创新、营销创新和组织创新。其中技术创新包括产品和工艺的创新，而非技术创新涉及营销和组织创新。不同学者从不同的视角来测量技术创新能力，Christensen（1995）把技术创新能力分成四类：科技研发能力、制造革新能力、产品革新能力、美观设计能力；从功能视角，Yam等（2011）认为技术创新能力包括：学习能力、研发能力、资源整合能力、制造能力、营销能力、组织能力和战略能力。Chakraborty等（2014）利用研发支出、专利和专利引用率来衡量公司创新产出和技术变革。

国内学者柴剑峰等（2003）根据《中国科学技术指标》将R&D能力分为三种能力：基础研究能力、应用研究能力和开发能力；而企业的R&D商业化能力则可视为企业将创新技术转化为产品投放市场的能力，在R&D活动的过程模型中，应该把制造和销售归入其中。强有力的R&D商业化能力所带来的效益不仅可以弥补研发阶段投入的资源，而且可以为更深层次的研发活动提供必要的资源反馈，商业化优先原则强调了高层管理人员在企业R&D活动中的重要作用。白俊红等（2008）将企业技术创新能力分为企业创新资源投入能力、企业研究开发能力、生产制造能力、市场营销能力和创新管理能力。雷静和潘杰义（2009）认为企业技术创新能力源于企业的创新投入能力属性、创新实施能力属性、创新实现能力属性与创新管理能力属性四个方面。冯文娜（2010）研究发现，研发资金投入与专利产出、新产品产出、创新绩效显著正相关，研发资金投入强度与企业盈利能力显著正相关，但是研发人员投入与专利产出、新产品产出之间的相关关系未通过显著性检验，与创新绩效具有弱的负相关关系，研发人员投入强度与企业盈利能力呈显著正相关关系。曹萍和陈福集(2010)将企业技术创新能力评价指标划分成资金投入、研发能力、生产能力、业务流程四大类。王俊娜和杨武(2011)从研究开发、生产制造、市场营销三个维度构建了测度企业技术创新能力的三维模型。梁军和周扬(2013)建立的企业创新评价指标体系包括R&D投入能力、研究开发能力和商业化应用能力三个子模块。郭磊和蔡虹(2013)选取专利申请量、技术吸引力、相对专利位置和显性专利优势作为专利组合指标，实证分析了中国电信产业的技术创新能力。任远等(2013)基于技术创新链条以及投入活动和产出的分析框架，将技术创新能力分为创新基础、创新资源投入能力、创新活动能力、创新产出能力以及创新环境利用能力五个一级指标。潘宏亮与余光胜将技术创新能力分为企业技术创新R&D投入强度、企业创新战略与机制的有效性、企业拥有专利的数量和质量、企业制造设备的先进程度、企业产品的市场占有率、产品利润及能耗降低率。其量表来自于王锐淇、李娜、古志文等人的研究，共6个测量题项。

本书主要从过程视角来研究技术创新能力的两个方面：创新资源的投入能力和研究开发能力。创新资源投入能力是企业技术创新能力的基础，创新资源投入是指获取稀缺生产要素并在创新活动中的投入，而创新资源投入能力就是指投入创新资源的数量和质量。研究开发能力是技术创新能力的基本要素，企业通过研究开发，吸收引进先进的科学技术成果，把科学技术知识转化为新的产品和设备，并形成或创造出新的生产工艺和方法。

2.3 中小企业绩效

2.3.1 中小企业的界定

中小企业(Small and Medium Enterprises)又被称为中小型企业，它与所处行业的大企业相比在人员规模、资产规模以及经营规模都存在经济单位的差异。不同的国家、不同的经济发展阶段以及不同的行业水平对其界定的标准不尽相同，且随着经济的发展变化而产生动态变化。一般而言，都会从量和质两个方面对中小企业进行界定，量的指标主要包括员工人数、实收资本、资产总值等，质的方面主要是从企业的组织形式以及所处行业地位等判别。相对于质的指标来说，量化的指标更加直观，更加可测。一般而言，美国按照员工人数少于500来界定中小企业,英国企业按照行业特征进行量化细分,诸如制造业人数少于200人,建筑业、矿业少于25人,小零售业年销售收入在18.5万英镑以下,小批发业在年销售收入73万英镑以下为中小企业。2011年6月18日,我国工业和信息化部、国家统计局、国家发展和改革委员会、财政部联合印发了《关于印发中小企业划型标准规定的通知》,按照有关规定列举出部分行业的中小企业标准。

表2.1　中小企业行业标准

行业名称	指标名称	计算单位	中型	小型	微型
农、林、牧、渔	营业收入	万元	500～20 000	50～500	50以下
工业	从业人员	人	300～1 000	20～300	20以下
	营业收入	万元	6 000～40 000	300～6 000	300以下
建筑业	营业收入	万元	6 000～80 000	300～6 000	300以下
	资产总额	万元	5 000～80 000	300～5 000	300以下
批发业	从业人员	人	20～200	5～20	5以下
	营业收入	万元	5 000～40 000	1 000～5 000	1 000以下
零售业	从业人员	人	50～300	10～50	10以下
	营业收入	万元	500～20 000	100～500	100以下
交通运输业	从业人员	人	300～1 000	20～300	20以下
	营业收入	万元	3 000～30 000	200～3 000	200以下
仓储业	从业人员	人	100～200	20～100	20以下
	营业收入	万元	1 000～30 000	100～1 000	100以下
邮政业	从业人员	人	300～1 000	20～300	20以下
	营业收入	万元	2 000～30 000	100～2 000	100以下
住宿、餐饮业	从业人员	人	100～300	10～100	10以下
	营业收入	万元	2 000～10 000	100～2 000	100以下
信息传输业	从业人员	人	100～2 000	10～100	10以下
	营业收入	万元	1 000～100 000	100～1 000	100以下

2.3.2　中小企业绩效的含义

绩效(Performance)也称为业绩或成效,是指组织或个人在一定时期内取得的成果的总称,反映的是组织或个人从事某种活动产生的成绩或成果,即管理活动的效率和效果。学者对绩效的理解主要有三种观点:(1)绩效是行为,应与结果分开,因为绩效会受系统因素的影响(Campbell,1990);(2)绩效是结果,这些结果与组织目标有紧密关系(Kane,1996);(3)绩效是指行为和结果,行为是达到结果的条件之一(Bmmbradi,1988)。根据绩效的管理对象不同,可将绩效划分为个体绩效、团队绩效、组织绩效等层面。所谓个体绩效,则更为强调单个个体的工作业绩;所谓团队绩效,则主要表现在团队对组织既定目标的达成情况;所谓组织绩效则强调组织整体工作成果和效率。按照测量视角的不同,又可以将绩效分为长期绩效和短期绩效。所谓长期绩效,则侧重关注个体、团队或组织在未来一段时间内的发展潜力,所谓短期绩效,则侧重于关注个体、团队或组织最近一段时间的财务表现。本书认为中小企业绩效应为中小企业在一定经营期间内所取得的财务效益以及反映企业未来发展潜力的企业内部能力。前者主要反映中小企业目前的经营状况,后者则反映中小企业能否获得持续发展的能力。

2.3.3 中小企业绩效研究维度

Ruekert,Walker 和 Roering (1985)将企业绩效分为效率(Efficiency)、效能(Effectiveness)和适应性(Adaptability)三个方面。效率用企业资源的投入产出比来衡量,通常以投资报酬率表示;效能用企业所提供的产品或服务来衡量,通常用相对于竞争者的销售增长率或市场占有率表示;适应性用企业对威胁和机会的应变能力来衡量,通常以在一定期间内新产品销售的数量或销售率表示。Gronum 等(2012)将企业绩效分为效率(盈利能力和生产能力)和效能(产品销售增长率)两个方面进行研究。Su 等(2013)通过问卷调查企业家的新创企业相对于其主要竞争对手在过去的两年里的市场份额增长、净利润和销售利润率来测量企业绩效。石军伟、胡立君和付海艳(2009)分别选择企业的销售收入和资产报酬率来衡量企业的经济绩效,并同时指出虽然财务绩效的测量方法是现有文献在解释研究结果差异时的一个重要视角,但是概念测量的跨层次性特征可能是更为重要的因素。财务绩效的评价,如资产回报率(ROA),是对组织内各种资源综合运作、价值链的各个环节活动的评估结果,是一个组织层次的概念,它衡量的是企业利用经济资源获得经济价值的总体效率特征;而企业社会责任活动在很大程度上是一个项目层次的概念,更多涉及的是与外部利益相关者之间的社会交换行为,衡量的是企业回报社会的社会价值和社会形象特征。所以,这种跨越层次的相关分析将会面临较大的挑战。与分析某项经济资源(如融资结构策略、技术创新或企业家能力)的配置效率不同,已有文献面临的主要困难在于我们追求了两种不同价值定位的“错位格局”。这可能就是企业社会责任与经济绩效之间不存在直接相关性的内在机理。李辉、张晓明(2013)使用主成分分析法提取 2 个因子:财务绩效因子和非财务绩效因子来测度企业绩效。从时间维度出发,可以将企业绩效分为短期绩效和长期绩效两个方面。短期绩效如表 2.2 所示,长期绩效如表 2.3 所示。

表 2.2 短期绩效

绩效指标计算方法	代表研究
总资产收益率 ROA = 息税前利润/总资产	Delios 和 Beamish, 1999; 姚俊、吕源和兰海林, 2004
主营业务资产收益率 CROA = 主营业务利润/账面总资产	Tan 和 Wu, 2005
净资产收益率 ROE = 税收净利润/净资产	Grant, 1987; 朱江, 1999
销售净利润 ROS = 税收净利润/销售收入总额	Daniels 和 Bracker, 1989
资本收益率 ROC = 扣除调整税的净营业利润/营业投资资本	Rumelt, 1974; 1982
每股收益 EPS = 税收净利润 - 优先股股利/流通股股数	Christensen 和 Montgomery, 1982

在实证研究中，普遍使用的绩效度量指标可以分为两种：财务指标，如销售回报率、资产回报率；市场指标，如 Tobin's Q。由于无论使用财务指标还是市场指标衡量绩效都存在问题，因此本书采用两种指标来度量企业绩效，财务指标选择 ROA，市场指标选择 Tobin's Q。

表 2.3 长期绩效

绩效指标计算方法	代表研究
5 年期间销售额的绝对增长	Dunne 和 Hughes, 1992
就业机会	Penrose, 1959
企业主营业绩收入的对数值	程惠芳和辛勇, 2003
主营业务增长率	王青燕和何有世, 2005
权益市价与账面价值比	Graham 和 Rogers, 2002
财务预判模型	吴世农、李长青和余伟, 1999
平衡计分卡	王举颖, 2006
市净率	宋剑锋, 2000
总资产增长率	姜付秀和张衡, 2006
Tobin's Q	Rajan 和 Zingales, 1996; 祝继高和陆正飞, 2009
成长期权价值	Kester, 1984; Tong, Reuer 和 Peng, 2008; Tong 和 Reuer, 2012

2.4 本章小结

本章对于本书研究所涉及的基本相关理论进行了分析。首先分析了企业家社会资本,包括:企业家理论,社会资本理论,企业家社会资本的内涵、界定以及企业家社会资本的测量方法;其次,对技术创新能力进行研究,包括:技术创新理论发展概述、技术创新能力的内涵以及构成;最后,对中小企业绩效的相关理论进行分析,包括:中小企业界定、中小企业绩效的内涵以及研究纬度。本章内容是理论的基本分析内容,对于各主要变量之间的作用关系将在下几章做进一步探讨。

第 3 章　探索性案例分析

3.1　案例研究方法

近年来我国管理学界正在由原来的纯理论、思辨性的研究方向转向实证研究,并积极采纳国际通行的科学研究方法和手段进行系统分析和管理理论。其中案例研究方法作为实证研究的主要方法之一,逐渐被我国学者关注与采用。案例研究方法属于经验性研究方法的范畴,是一种运用历史数据、档案资料、访谈、观察等方法收集相关数据,并利用可靠的技术手段对一个事件进行分析,从而得到带有普遍性结论的研究方法。根据案例研究方法论的权威学者 Yin (2003)的观点,案例研究方法适用于解决"怎么样""为什么"的问题。事实上,实证研究方法中仅有案例研究更适用于回答"如何""怎样""为什么"的问题,而问卷调查和试验方法只能回答出"谁""是什么""多少"等这样的问题,因此,当研究问题的现象和背景界定不清晰时,为了解答并构建深层机制的问题,就可以使用案例研究方法进行研究。

根据研究任务的不同来区分,案例研究方法可以分为 3 种类型,即探索性、描述性以及解释性的案例研究。探索性研究主要是指当对研究的主要问题及理论构建没有清晰的认识的时候,可以通过探索性研究提出理论研究的依据;描述性案例研究主要是研究者对案例的描述情况,通过描述性案例研究可以加深对问题的认识深度;解释性案例研究则是对案例中具有因果关系的现象进行阐述,探寻其发生的原因。根据实际研究中案例选择的数量不同,可以将案例研究分为单案例和多案例研究。单案例研究又称为经典性案例研究,在收集数据中仅仅选择单个案例作为研究对象。由于单案例研究不能提供一个可以推广的结论,因此该方法在系统构建新的理论框架时不是特别适用;而多案例研究常常被用于构建理论,因此当选取多个案例研究时,就称为多案例研究。本书的研究沿袭 Yin(2003)关于案例研究的内容,即:案例研究设计、案例资料收集、数据分析、报告撰写四个部分。其中,案例研究设计是最为关键的一个阶段,它主要是设计如何用实证数据把研究问题和最终结论结合起来,必须综和考虑研究问题与理论假设、案例选择、案例数据的收集与分析。

表 3.1 案例研究步骤

阶段	工作内容	研究质量
案例设计	单案例和多案例都可以用理论扎根进行研究	提高外部效度
案例收集	首先采用多元证据,建立证据链;其次使用案例研究草案方法,建立案例研究数据库	提高建构效度可靠性
案例分析	模式匹配,建立解释逻辑;增加竞争性解释;采用逻辑模型	建立内部效度
撰写报告	分析关键信息,将主要研究结论整理成报告	提高建构效度

资料来源:Yin(2003),案例研究:设计与方法。

本书的研究将从企业家个体层面入手着重考察其社会资本,探讨企业家社会资本与中小企业绩效的一般关系以及企业家社会资本、技术创新能力与中小企业绩效的关系,即研究的焦点在于解析并构建三者之间的关系;同时,期望通过实地调研,更加明确研究问题,总结提炼出上述变量之间系统的理论框架。正如 Eisenhardt 和 Graebner(2007)、吴俊杰(2013)提出的,研究构建深层次的机制需要采用案例研究方法才能解决。期望通过多案例探索性研究来解决本书的研究中那些“如何”以及“为什么”之类的相关问题,并确定“应该是什么”的客观价值判断问题;同时,该研究领域目前尚未形成确切的理论假设,缺乏系统的理论体系,需要通过多案例的对比研究,总结、提炼各个变量之间的作用关系的理论假设,为后续的大样本定量化的实证研究提供支持。因此,本书在理论预设的基础上进行探索性案例研究,这种方法符合规范性案例研究的哲学观点。

3.2 案例设计

3.2.1 研究问题与理论预设

企业家社会资本是企业的核心能力之一,这是因为这些资本通常是无形的资源,企业在企业家的推动下进入市场经营获得这些社会资本,企业经营绩效的优劣在很大程度上取决于企业家人力资本的质量及其利用状况。企业家社会资本能够对企业的经营产生一定影响。由于企业家社会资本获取的资源需要通过资源配置等转化成为企业价值的一部分，而转化是需要一段时间和过程的，因此社会资本在促进绩效的同时，企业的社会负担加重，其带来的负面影响不容忽视。Adler 和 Kwon(2002)亦指出社会资本的两面性，即为个体带来信息影响力和商业友谊的同时，也孕育风险。相关实证研究发现企业家社会资本的广度、联系的高度和多样性对企业绩效存在着明显的差异。中小企业的发展离不开技术创新能力的提升，考虑到企业家社会资本能够为企业带来的各种资源，会影响到企业的技术创新能力。从逻辑上来说，企业家社会资本首先影响技术创新能力，进而能够影响到中小企业绩效。

第一，社会资本理论认为，企业与其他企业或个人的联系是获取外部环境中关键资源的重要方法。对于中小企业来说，企业家的人力资本和社会资本往往为企业创造机会，并且是中小企业成功的关键。企业家领导力发展不可避免地显示出超强的技能和领袖能力，而这种能力往往需要和依赖于企业家社会研究资本的增强。Stam 等(2013)的研究结果表明企业家社会资本对企业绩效具有明显正向显著影响。国内学者也进行了类似的研究，蒋春燕和赵曙明(2006)以中国江苏和广东两省的 676 家新兴企业为被试对象，实证研究结果表明组织学习在社会资本和组织绩效中起到了至关重要的作用。孙俊华和陈传明(2009)研究发现，企业家的社会网络规模越大、动员能力越强，则企业越倾向于提高多元化程度、选择不相关多元化和通过并购来实施多元化战略。王栋和陈永广(2010)研究发现企业家的社会资本有利于创业企业获取信息和资源以及建立正统性，创业企业获取信息和资源以及建立正统性可以帮助企业提升绩效。郭立新和陈传明(2011)发现企业家社会资本的制度性维度和市场性维度通过战略决策速度和战略决策质量的中介作用对企业绩效产生积极影响，但是该中介作用对不同维度而言是不同的。游家兴和刘淳(2011)从权益资本成本的角度研究发现，企业家所拥有的社会资本有助于公司降低权益资本成本，并且，社会资本这种功效在法律保护较薄弱的地区表现得更加显著。企业家社会资本对中小企业绩效有显著的正向影响。

第二，企业家社会资本对中小企业技术创新能力有显著影响。Lipparini 和 Sobrero (1994)指出，企业家在有效整合外部资源与创新联系方面具有重要作用。尤其对中小企业来说，更多的是利用企业家社会资本来搜索和获取外部资源(Hite 和 Hesterly,2001)。Dakhli 和 Clercq(2004)亦指出广泛的社会参与可以帮助企业形成多样性的社会关系网络，而这些社会关系网络将为企业技术创新提供所需的稀缺性资源。企业家社会资本会使企业具有更加开放的创新意识，拥有更多的创新资源，吸纳更多的高技术人才。在中国经济转型期，企业家拥有的社会资本能够帮助企业获取政策、信息、资金等资源，得到更多的技术信息资源，获得更便利的外部融资，使企业在研发中有及时且充足的资金保障，企业就更有可能进行研发投入。企业家社会网络是值得信赖的关系网络，此信息通道所传递的信息对企业进行有效决策的制定是至关重要的，可以帮助企业克服很多未知或困难，并能够帮助企业家获取信息、建议以及支持，从中获得创新的机会，还可以帮助企业寻找新的合作伙伴。企业家社会资本能够帮助企业学习到新的领域，如新的市场和技术领域，收集当前市场信息，并能够帮助企业整合新知识，还可以帮助企业家寻找新的合作伙伴，提升企业研究开发能力。一般而言，企业家社会资本规模越大，企业越有可能获得企业外部的技术创新合作机会，增加与研究机构的合作能力，并可以获得更多的投资项目，有利于专利等科研成果产出，从而更有可能提升技术创新能力。企业家社会资本对企业接受新事物、建立企业网络以及企业发展起到了非常重要的作用。企业家社会资本价值的实现有赖于信任机制的作用，信任在科研成果产出过程中扮演着重要的角色，高水平的信任氛围有利于专利等科研成果产出效率的提高。企业家社会资本能够帮助企业获取该领域技术专家的认可，获取技术合法性，有机会参与该行业技术标准的建立，从而为企业形成“隐形的保护壁垒”。

第三，企业社会关系网络的范围越广，越有可能帮助企业采用新的工艺技术水平、提升关键设备技术。一般而言，企业家社会资本规模越大，企业越有可能获得企业外部的技术创新合作机会，增加与研究机构的合作能力，并可以获得更多的投资项目，有利于专利等科研成果产出，从而更有可能提升企业绩效。企业家社会资本的信任机制能够使企业更加重视产品质量，并将员工、合作伙伴、顾客联系起来，使企业富有生机；企业家社会资本更有可能节省信息收集和询价费用；网络成员之间的交易也因相互之间的信任，长期合作而节省讨价还价、契约制订和执行费用；同时企业家所拥有的社会资本对企业的知名度、美誉度、新产品市场份额以及分销网络响应程度都会产生影响，进而影响中小企业绩效。

总而言之，如图3.1所示，技术创新能力在企业家社会资本与中小企业绩效间，能够起到一种桥梁似的中介作用。企业家对资源的配置能力决定着异质性资源效用的发挥，企业家所掌握的资源会影响企业技术创新能力的水平，最终作用于企业绩效。基于上述分析，本书初步认为企业家社会资本对中小企业绩效有显著的作用；同时，本书将技术创新能力引入作为中介变量，以考察企业家社会资本对中小企业绩效的影响。

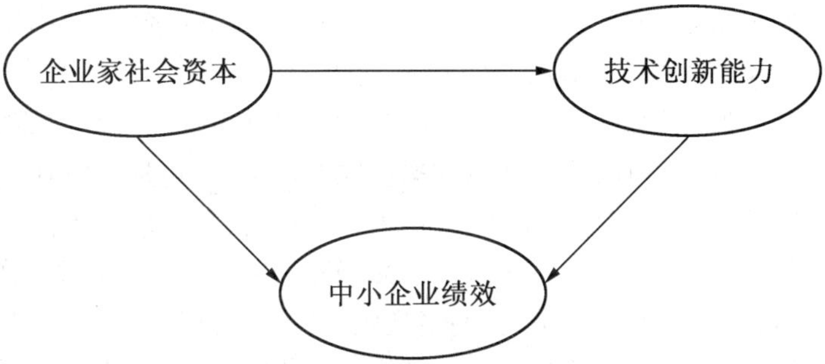

图3.1　案例研究理论预设模型

3.2.2　案例的选择

由于企业的技术创新能力在不同的行业中具有较大的差异,企业所处的不同环境亦各有不同,因此采用多案例相互对比分析的方法,将有助于获得更具有普适性的研究结论。结合 Eisenhardt(1989)提出的在多案例研究中4~10个案例是较为合适的案例数量,本书兼顾了案例典型性、数据可获取性和研究便利性三个原则的基础,确定案例样本的数量。

第一,案例典型性。由于本书研究关注的是中小企业的技术创新能力这一关键要素,本次选择的样本企业是必须具有技术创新能力的企业,选择的案例企业分别分布于食品制造、生物制品业、装修装饰业以及装备制造业等多个行业,这在一定程度上保证了案例既能够反映出研究的样本企业具有技术创新能力特点,又避免了与其他行业的差异性。

第二,数据可获取性。本书选取四家公司作为案例研究的对象,而这四家公司自成立以来公司领导层稳定,保证了度量企业技术创新能力以及企业家社会资本这一动态变化等变量数据的可获得性;同时,四家公司均具有一定规模,在网上具有公开数据可以获取,四家公司均是该区域行业的领军企业,经常受到新闻媒体的关注报道,便于本书多样化的资源获取和相互印证比较。

第三,案例研究的便利性。作者与四家公司同处在一个地理区域或处于临近的地理区域,其中A公司的负责人是作者的同事;B公司是作者亲戚工作的单位,作者亲戚是该公司的财务总经理;另外C,D两家公司的领导者分别与作者是校友关系。总体而言,这四家公司均与作者具有一定的良好关系,有利于作者经常性地开展实地调研,获取第一手资料。

3.2.3　案例的搜集与分析

本书案例的搜集方法主要有:观察法、档案、媒体资料、网站信息、深度访谈以及电子邮件和微信的访谈等方法。本书在相关资料搜集过程中遵循了 Yin (1994; 2003)并借鉴了吴俊杰(2013)的做法:一是从多个证据搜集数据来源;二是把数据整理形成数据库,这增加了研究的效度和可信度。具体而言:

首先,我们通过公司内外部档案数据获取公司信息,包括:公司的年报、企业宣传材料、各种资质文件、企业荣誉、公司内部资料、公司大事记等信息资料。外部数据来源于企业网站、省市新闻门户网站、行业内部网站及百度新闻、行业内网站媒体报道、省市国家媒体报道、网络视频材料等。此过程能够帮助调查人员熟悉了解案例企业,进而能够更深入地进行访谈研究,这种方法也保证了资料来源的多样性。

其次,与企业家进行访谈前,从相关的网站内了解企业家的背景信息材料,以此聚焦访谈的内容,剔除一些问卷中可以通过公司档案获取的内容,节约访谈时间,提升访谈效率。在访谈过程中,每次访谈大约为 1 个小时至 1 个半小时,在访谈结束后,完成访谈记录的录入和誊抄工作。

最后,研究小组通过多个渠道获取一手和二手资料形成研究的案例库,对访谈内容和已经搜集的二手资料进行分类、整理和编码,对于某些问题需要进一步与企业沟通的,通过电话或网络进行沟通,对上述信息进行核实和补充,通过内容分析技术(Krippendorff, 2004;苏敬勤,崔森,2011)对案例库资料进行数据分析,案例企业的资料具体来源见表 3.2 所示。

表 3.2　案例企业的资料来源

企业	访谈		档案	现场观察	网站媒体	相关朋友
	时间	对象				
A 装修装饰	2012 年 12 月 2013 年 3 月 2013 年 5 月	公司董事长 S 及常务副总 L	企业年报、企业宣传材料、各种资质文件等	利用同事关系多次到公司参观、走访及调研	企业网站、省市新闻门户网站、行业内部网站及百度新闻	公司董事长与作者是同事关系
B 食品制造	2012 年 12 月 2013 年 4 月 2013 年 12 月	公司董事长 L,以及财务总监 K	企业宣传材料、企业荣誉、新闻资讯、行业动态	利用亲戚关系多次到公司参观调研、并进行深度访谈	企业网站、省市级新闻媒体、新浪视频网站、行业内网站及百度新闻	K 财务总监是作者亲戚,另外,通过市政协副主席联系到 L 总

续表 3.2

企业	访谈		档案	现场观察	网站媒体	相关朋友
	时间	对象				
C 装备制造	2012 年 11 月 2013 年 4 月 2013 年 11 月	董事长 H 秘书 W	企业网站信息、公司内部资料、公司大事记	利用同学关系先后两次到公司参观调研、并进行深度访谈	媒体报道信息、百度等相关搜索引擎资料	通过同学关系联系到董事长 H,公司有些内容由秘书 W 提供
D 生物制品	2012 年 11 月 2013 年 4 月 2013 年 6 月	董事长 Z 营销总监 S	企业宣传材料、企业网站信息、企业网络营销平台、年度总结材料	利用同学关系两次到公司参观调研、并进行深度访谈	省市国家媒体报道、网络视频材料、企业网站、行业信息媒体报道	通过同学关系联系到董事长 Z,公司有些内容由营销总监 S 提供

资料来源:本书整理。

3.3　案例企业简介

本书共选择四家不同行业的企业作为案例研究的对象企业,出于企业信息安全考虑,本书以字母代替不公开企业的真实名称,案例企业的简要信息如表 3.3 所示。

表 3.3　案例企业信息简表

企业名称	A 装修装饰	B 食品制造	C 装备制造	D 生物制品
成立年份	1996	2002	1997	2006
所有制属性	民营	民营	国有	民营
2013 年员工人数	560 人	170 人	976 人	152 人
2013 年销售额	8 000 万元	18 113 万元	38 369 万元	14 703 万元
2013 年主营业务收入	7 600 万元	16 608 万元	37 871 万元	14 659 万元

续表 3.3

企业名称	A 装修装饰	B 食品制造	C 装备制造	D 生物制品
主要产品	GRC 欧式构件、GRC 外墙挂板、GRC 景观护栏、EPS 装饰构件、GRG 石膏制品等	调味食品、谷物休闲系列食品、大豆植物组织蛋白系列食品以及生物工程产品和高新产品等	铁路机车车辆配件,蒸汽吊车零部件,锻件机械制造等	天然产物有效成分的分离提取技术:乳酸链球菌素、纳他霉素、凝乳酶、乳酸链球菌素等
产品市场	国内市场:包括内蒙古自治区、黑龙江省、辽宁省以及宁夏回族自治区	远销国内外市场,其中国际市场包括新加坡、马来西亚、韩国、俄罗斯等	远销非洲、中东市场及国内市场	主要是大陆、北美以及东南亚市场

资料来源:访谈记录、企业提供资料以及企业网站信息。

3.3.1 A 装修装饰有限公司

A 装修装饰有限公司成立于 1996 年 6 月,注册资金 1 000 万元,2013 年年销售额达到 8 000 万元。公司现有员工 560 多人,其中研发人员、设计人员、技术人员、雕塑师共计 50 多人,并拥有一批经验丰富、技术过硬的现场施工队伍。2009 年 5 月份公司顺利通过了 ISO9001—2008 质量管理体系认证。2014 年荣获黑龙江省知名品牌,目前该公司已形成以玻璃钢化的粪器 GRC 装饰构件、GRG 石膏制品、EPS 装饰制品为主的十多个系列产品,品种已达千余种,是集 GRC 装饰制品、EPS 装饰制品、GRG 石膏制品研发、设计、生产、施工为一体的专业化企业,厂区面积 10 万平方米,办公区面积 800 平方米。公司为中国 GRC 协会会员单位,GRC 生产、安装技术始终保持国内先进水平。已承接多项单体建筑 GRC 构件造价超百万元的工程,公司在城区旧楼立面改造工程中经验丰富,已参与辽宁省鞍山市,宁夏银川,内蒙古满洲里市、海拉尔、牙克石、莫旗、科右中旗、额尔古纳市,查哈阳农场,北安市城区,大庆创业城立面改造工程。经过 15 年的不懈努力,公司产品逐渐成为省内同行业知名企业,并先后占领了黑龙江、内蒙古、辽宁等地市场。

3.3.2 B 食品制造有限公司

B 食品制造有限公司成立于 2002 年,发展至今公司现拥有固定资产 1.58 亿元,员工 170 人,具备年综合加工 10 万吨、产销 12 亿元的生产能力。2013 年被认定为国家级高新技术企业。公司以“企业 + 基地 + 农户”的产业链模式打造绿色食品品牌。是我国北方较大型的绿色、有机食品加工基地。公司拥有 13 个绿色食品标识,占全市绿色食品标识总数的 10%,公司产品共分四大系列,有 130 多个品种。第一大系列是调味食品,包括香油、芝麻酱、花生酱、烧烤蘸料四类产品;第二大系列是谷物休闲系列食品;第三大系列是大豆植物组织蛋白系列食品,包括大豆蛋白粉、大豆组织蛋白干品、半成品、即食品四大类产品;第四大系列是生物工程产品和高新技术产品,包括玉粒煨饭营养米,大豆组织蛋白及玉米膨化产品。产品远销国际国内市场,包括新加坡、马来西亚、韩国、俄罗斯和我国台湾、香港、澳门等地区。目前公司拥有省内代理商 238 家,省外大、中城市代理商 516 家,并在北京、哈尔滨、佳木斯、长春、沈阳等大中城市设有办事处和专营店。公司拥有“ISO9001 国际质量管理体系”认证、ISO22000 食品安全管理体系认证、食品安全认证(QS)、中国伊斯兰教协会的清真食品认证(HALAL),企业信用等级 AAA 级、企业食品安全信用等级 A 级,是我国回族食品行业的领头羊,并且是我国首家也是唯一一家拥有四种绿色产品认证殊荣的品牌企业。

3.3.3　C 装备制造企业

C 装备制造企业位于世界驰名的丹顶鹤故乡——齐齐哈尔;是我国铁路货车、铁路起重机设计、制造及修理的大型企业——齐齐哈尔铁路车辆(集团)有限责任公司的关联企业,公司属于国有企业性质。经过 20 多年的发展,目前公司总资产达到 1.20 亿元,年产值超过 3.83 亿元,大专以上人员 225 人,本科以上学历人数 118,职工 976 人。产品远销非洲、中东市场及国内市场。主要产品有:铁路机车车辆配件,蒸汽吊车零部件,锻件机械制造等货车制造及修理,冶炼锻造,机械加工与铆焊,建筑安装,化工及农机等系列,达到数百种产品。1989 年以来连续 15 年被评为黑龙江省城镇明星企业、明星企业标兵;1999 年被国家劳动部授予全国先进集体。

3.3.4　D 生物制品股份有限公司

D 生物制品股份有限公司成立于 2006 年 8 月,是生物食品防腐剂生产企业,主导产品乳酸链球菌素、纳他霉素、蛋白胨、乳酸钠等,乳酸链球菌素产能 350 吨/年,D 公司是目前国内同行业产能最大的生产企业。公司产品远销海内外,主要市场包括北美和东南亚市场,2013 年销售总收入 14 703 万元,主营业务收入 14 659 万元,净利润 4 173 万元,上缴税费总额 2 950 万元,出口额 830 万元。D 公司是世界科技领先天然食品添加剂的供应商,同时也是一家集科研、生产、销售于一体的国家高新技术企业。2008 年公司通过 ISO9001—2000 国际质量管理体系认证以及 HACCP 食品安全体系认证，拥有世界一流的 GMP 生产车间。其中 D 生物工程公司的乳酸链球菌素产业化项目被列为国家火炬计划、国家高新技术产业项目，公司承担黑龙江省三大重点项目，拥有六项发明专利、两项黑龙江省科研成果鉴定；拥有同行业最大的乳酸链球菌素生产线，产能达300 吨/年。

3.4 数据分析

3.4.1 企业家社会资本

A 装修装饰有限公司：董事长 S 总 1970 年出生，男性，中共党员，硕士学历，具有专业知识背景。1996 年大学毕业留校工作，继而开始创业。因此该公司的企业家具有双重身份，既是一名大学教授，又是一名企业家。所能接触的政府领导是市厅级领导。S 总经常参加行业内组织的各种论坛、会议，是中国 GRC 协会会员，在当地建立了一定商会圈，是某市商会副会长；同时是建华区政协委员。但现在公司目前很少与政府联系，基本都是通过市场竞争获取的市场份额。

B 食品制造有限公司：董事长 L 总 1965 年出生，本科学历，中共党员。1984 年毕业于哈尔滨建筑工程大学，计划经济时期曾任国营乳品厂技术厂长。现在是市侨联副主席，省人大代表。B 食品制造有限公司是省委书记、省长、市委书记、市长的重点关注企业，其发展受到两级政府的大力扶持。2013 年 1 月董事长 L 参加全国农业产业化会议，2013 年 1 月 25 日，董事长 L 参加省第十二届人民代表大会。2013 年 2 月 1 日，市委书记与公司高层领导进行了座谈，详细询问了当前公司生产、产品开发、销售、经济效益、产品竞争、融资等情况，对公司当前存在的困难给予了深切的关心。2013 年 6 月 3 日省长 L 莅临 B 公司考察调研，市委书记 H 以及市长 S 陪同考察；董事长 L 是该市当地多所大学食品工程系客座教授和食品工程专家；获得“黑龙江省优秀中国特色社会主义事业建设者”“黑龙江省中小企业协会先进个人”（被选举为该协会副会长）等多项荣誉。

C 装备制造企业：董事长 H 总 1968 生，本科学历，中共党员，市人大代表，地方劳动模范以及市级优秀共产党员等荣誉为董事长提供了更多的政治关联的机会；此外，H 董事长是市级第三批优秀青年专家，专业技术拔尖人才，H 董事长非常重视与哈尔滨工业大学、哈尔滨工程大学、燕山大学等高校的一大批专家保持联系，这些合作关系为企业培育了优秀的科研团队。

D 生物制品企业：董事长 Z 总 1965 年出生，本科学历，中共党员，省人大代表，市人大代表，全省优秀中国特色社会主义事业建设者，省食品添加剂应用协会会长。Z董事长是市工商联副主席，经常与很多企业董事长保持着长时间、高频度、高信任度的联系；同时，公司在研发肽类天然生物防腐剂产生菌、乳酸链球菌素发酵废液、血制红色素三项技术改造及创新项目，董事长Z利用关系聘请黑龙江大学3位教授合作开发；公司汇集了生物工程、发酵工程、食品工程等方面的专业人才，外聘多名国外专家、10名国内专家为技术顾问，为Z董事长全面开发新产品提供决策辅助。

表3.4　企业家社会资本的基本特征

企业名称	受访人员	企业家社会资本特征
A装修装饰	公司董事长S、总经理L	董事长1970年出生，硕士学历，所能接触的政府领导是市厅级领导，但目前与政府的联系相对少些，中国GRC协会会员；某市副会长，建华区政协委员
B食品制造	公司董事长L、财务总监K、销售经理W	董事长1962年出生，回族人，硕士学历，省人大代表，省级市级领导先后到公司参观考察，黑龙江省中小企业协会副会长，当地多所大学食品工程系的客座教授和食品工程的专家
C装备制造	公司董事长H总，营销副总Z	市人大代表，地方劳动模范以及市级优秀共产党员，市级第三批优秀青年专家，专业技术拔尖人才，非常重视与哈尔滨工业大学、哈尔滨工程大学、燕山大学等高校的一大批专家保持联系
D生物制品	公司董事长Z总，总经理W总	董事长1965年出生，本科学历，中共党员，省人大代表，市人大代表，全省优秀中国特色社会主义事业建设者，省食品添加剂应用协会会长

资料来源：本书整理。

3.4.2　技术创新能力

技术创新能力是企业技术创新的资源投入以及技术创新过程中对创新资源的运用活动实施和调控管理的能力。本书主要从过程视角来研究技术创新能力的两个方面：创新资源的投入能力和研究开发能力。其中创新资源投入是指获取稀缺生产要素并在创新活动中的投入，而创新资源投入能力就是指投入创新资源的数量和质量，具体来说可以通过研发投入费用、技术人员比例、研发人员比例以及高级研究及开发人员数来表示。开发能力、是技术创新能力的基本要素，企业通过研究开发，吸收引进先进的科学技术成果，把科学技术知识转化为新的产品和设备，并形成或创造出新的生产工艺和方法，具体来说可以通过发明专利数、新产品销售额等指标呈现出来，四家企业技术创新能力如表3.5所示。

表3.5　技术创新能力情况

企业名称	技术创新能力特征
A装修装饰	目前处于国内一线水平，研发投入占销售额2.5%，公司处在成长阶段，从事产品研究和开发的技术员工有10多人，目前员工总人数350余人。现与河北科技大学、哈尔滨工业大学以及西南大学有联系，是GRC会员，公司现购买发明专利1项，实用新型专利2项
B食品制造	目前是中国北方较大型的绿色、有机食品加工基地。主要从事大豆、芝麻、花生、玉米等农副产品的深加工。2013年被认定为国家级高新技术企业。2013年高科技产品收入占总收入的70.66%，从业人员数170人，其中大专人数为37人，本科以上学历人数38人，大专以上技术人员数为71人，大专以上科技人员占职工总数的45%，研发人员数为10人，占职工总数的5.3%，研发投入费用1 084万元，研发投入占销售额的6%，2013年科技项目数6个，其中B公司与中国食品工业（集团）公司四万吨杂粮米片的合作项目1项，申请专利12项，授权专利12项，授权发明专利3项，拥有注册商标28个，享受研究开发经费加计扣除减免税为547.4万元，并享受高新技术企业减免税250.7万元；同时该公司是航天食品开发院士工作站，拥有省玉米食品工程技术研究中心、产品品质控制及质量检测中心、绿色（有机）食品产业文化展示中心、省企业技术中心及网络营销5个研究中心
C装备制造	大专以上人员225人，本科以上学历人数118，职工976人；研发人员数为21人，研发人员占职工总数的比例为2.15%；高级研究及开发人员20人。研发投入884.12万元，研发投入占销售收入的比例为2.2%。本年科技项目数为3项。申请专利1项，其中授权发明专利1项，拥有有效专利数3项
D生物制品	职工总人数152人，其中大专以上人员92人，本科以上人员56人，硕士以上人数为22人，大专以上科技人员数为48人，大专以上科技人员占职工总数比例为31.6%，研发人员数为53人，研发人员占职工总数的比例为34.8%，研发投入2 680万元，研发投入占销售收入的比例为12%，本年科技项目数为12项，申请发明专利5项，授权发明专利5项，注册商标5个。高新技术产品收入占总收入的比例为75.36%

资料来源：本书整理。

3.4.3　中小企业绩效

中小企业绩效是指在一定经营期间内所取得的财务效益以及反映企业未来发展潜力的企业内部能力,前者主要反映中小企业目前的经营状况,后者则反映中小企业能否获得持续的发展能力。中小企业绩效通常可以分为短期绩效和长期绩效。本书根据研究目的,主要关注各案例企业的经营状况和各业务的发展潜力,如表3.6所示。

表3.6　企业绩效情况

企业名称	企业绩效特征
A装修装饰	公司处于成长发展期,2011年销售总收入1 000多万元,主营业务收入960万元,净利润260万元;2012年销售总收入3 000万元,主营业务收入2 300万元,净利润450万元;2013年公司总资产1.1亿元,销售总收入8 000万元,主营业务收入3 500万元,主营业务收入增长率为52.17%,净利润805万元。2013年公司先后在西宁和大连建立了分公司
B食品制造	从一家祖传工艺的、资产仅有十几万元的小油坊起家磨制香油,发展到如今拥有固定资产近亿元、员工达几百人的现代化的食品加工企业集团。其中2013年销售总收入18 113万元,主营业务收入16 608万元,主营业务收入增长率达到11.7%,净利润2 785万元,高新技术产品收入12 798万元,总负债7 101万元,科技项目经费筹集额1 084万元,其中国家财政拨款100万元,市财政拨款20万元,享受研究开发经费加计扣除减免税为547.4万元,享受高新技术企业减免税250.7万元
C装备制造	公司处于发展转型阶段,2013年总资产11 972万元,总负债7 603万元,总收入38 369 万元 ,主营业务收入37 871万元,主营业务销售增长率5.62%,净利润180万元,上缴利税总额1 528万元,高新技术产品收入28 149万元,占销售总收入的73.36%
D生物制品	公司处于成长期阶段,黑龙江省放心食品名牌,黑龙江省高新技术企业,黑龙江省著名商标,省产业化龙头企业,公司注册资金6 600万元,总资产23 436万元,总负债8 084.2万元,2013年销售总收入14 703万元,主营业务收入14 659万元,主营业务收入增长率为20.15%,净利润4 173万元,上缴税费总额2 950万元,出口额830万元。2010~2012年,公司领导高度重视品牌效应,在加强研发力量,进一步提高产品品质的同时,实施了一系列的品牌战略,使公司质优价廉的产品打入了大型食品和餐饮企业,成为杭州娃哈哈集团有限公司、双汇集团、蒙牛集团等国内各大企业的乳酸链球菌素的专业供应商

资料来源:本书整理。

3.4.4 案例数据信息编码

根据对以上四家企业的深度访谈，对相关数据进行编码，所涉及的变量包括企业家社会资本、技术创新能力以及中小企业绩效。本书采用了孙晶博士(2013)打分的方式，组成案例讨论小组(包括5个人，其中2名老师和3名研究生)对四个典型案例企业评断。在评分过程中，本书采用Creswell(2003)的研究，采用五档评分法：即“高、中高、中、中低、低”。诸如，B食品制造和D生物产业是省人大代表，同时两家企业都受到省、市、区三级政府的关照，因此政治关联视为高，而C装备制造虽说是国有企业，但董事长仅仅具有市级人大代表身份，在采访过程中董事长反映出公司受到领导的重视程度没有上述两家企业强，因此视为中高；对A装饰雕塑来说，董事长是区级政协委员，但其很少与政府打交道，因此政治关联视为中低，其他指标的打分标准以此逻辑进行打分。

表3.7 案例企业家社会资本、技术创新能力与中小企业绩效水平情况

企业名称	政治关联	商业协会关系	技术协会关系	技术创新能力	企业绩效
A装修装饰	中低	中	中高	中	中高
B食品制造	高	高	高	高	高
C装备制造	中高	中低	中	中低	中
D生物制品	高	中高	高	高	高

资料来源：本书整理。

3.5 结果讨论与初始命题的提出

通过对案例信息的编码和评估，本节将依据案例数据信息编码结果对比分析不同案例企业的各组变量，从而初步归纳出企业家社会资本、技术创新能力、中小企业绩效之间的相关关系，并对变量间的因果关系进行初步探讨，提出本书研究的初始命题。

3.5.1 企业家社会资本与中小企业绩效

在四个典型案例企业中，本书在问题和理论预设中所提到的企业家社会资本与中小企业绩效关系，即表3.7得到了初步检验；同时，通过实地走访发现，企业家社会资本与中小企业绩效存在正相关关系都得到了企业家们不同程度的认可。

在访谈过程中，A 公司负责人说道：

“虽说目前与政府打交道较少，但以后因为新购买的工厂有可能会与政府打交道，与消防、质检、税务、招商局都可能要打交道。技术监督局质量处可以帮助申请名牌提升企业美誉度和知名度；开发区招商局可以提供资金支持；工信委可以提供法律、营销以及相关的专家培训。科委可以帮助申请专利。而我认为商会关系非常有用，通过商会关系我认识了具有丰富营销经验的 L 总，经过长时间的交流，2012 年我通过真诚和高薪聘请 L 总任公司总经理，经过 2 年时间发展，在 L 总管理和发展下，公司的经营业绩翻了一番，而且我经常参加一些行业协会论坛，丰富了我的人脉和改变了我的观念，并且通过这些平台我们公司可以和很多大公司一起进行竞标，去年就获得了一项大单。”

B 公司董事长这样表述：

“在市委领导的倡议下，由市政协牵头将我市的企业家聚集到一起成立了中小企业家协会，协会将专门为全市企业家服务，反映企业呼声，共同维护企业合法权益，并协调银行、金融机构，帮助中小企业融资，开展项目合作，为中小企业提供信息服务，同时还以帮助企业管理人员提高技能，帮助企业家与政府沟通，使入会的企业家能够有更好的发展空间。在申报项目中遇到一些难题，但我们公司得到了市发改委、工信委的帮助，包括投资方面、建设用地方面。经过政府多个政府职能的帮助，解决了我们公司融资难和土地规划方面的问题。市住建局、财政局、规划局、土地局开展资本运作，帮助我们企业融资上市；消防得到了市级重点关注、关照；解决好抵押资产问题，降低融资成本。我们也非常重视绿色食品深加工，并和大学院所建立了良好的合作关系，在市委市政府高度重视下，我们企业项目得以良好开展。市政府拿出 5 000 万资金，通过财政、工信委、龙江银行进行融资，B 公司属于市级 30 个重点发展企业。中小企业发展容易遇到土地问题，企业搬迁问题。企业的发展离不开市委市政府的指导关怀，依托于政府帮助、市场需求，公司多增加融资方式和渠道，资本扩大，达到融资的基本条件，产品在市场中尽快打开。税收减免，带动我市一大批中小民营企业发展。”

C 公司董事长提到：“我个人认为政治关联很重要，比如说政府的政策支持及指导，在出口退税、企业融资、项目报建、工业土地供应、大型项目支持等方面会有很大帮助。然而我们跟政府打交道有时候也很辛苦，往往领导者在任期内可能按照合同履约，但一换领导事情有时候就很难再继续下去，政府部门工作人员没有完全落实国家的相关政策，泡沫因素较多，政府债务因素特浓，金融乱象，企业正常融资成本非常高，大大影响了实体经济的发展和生存。其实既要与政府搞好关系，又不能把关系搞得太近，要找到一个合理的度。”

D 企业董事长陈述到：

“我在创业过程中，一直与政府保持着紧密的联系，在最初的创业中我们公司就得到了F区长的支持和帮助，为企业资金筹集和厂房建设提供了非常大的支持。而且我还参加各种协会和政府、非政府组织的活动，热心公益事业，在社会中担任很多社会公职。我认为人多好办事，在申报政府扶持类项目，如果有熟人，则在同等条件下有优先权。可以说是近水楼台，政策、资金方面都可以带来直接的影响。商会接触面比较广、信息灵通，可以实现资源共享。”

通过以上分析，我们可以看出在中小企业成长过程中，企业家的社会资本对企业的发展具有非常重要的作用，诸如政治关联能够帮助企业获取来自政府的各种稀缺资源，商会可以拓宽企业交际圈，提升企业知名度和信任度，帮助解决中小企业融资难问题，行业协会也能够帮助中小企业开展项目合作，为中小企业提供信息服务等。基于以上分析，本书提出如下初始假设命题：

命题1：企业家社会资本（政治关联、商业协会关系、技术协会关系）对中小企业绩效有显著的正向影响。

3.5.2 企业家社会资本与技术创新能力

在四个案例分析中，我们可以发现企业家社会资本对技术创新能力具有正向影响得到了不同程度的支持，企业家社会资本的形式越多样、联系强度越大，那么该企业的研发投入能力越大，技术创新能力越强，具体见表3.4、表3.5。

诸如A装修装饰有限公司与河北科技大学、哈尔滨工业大学以及西南大学有联系，并且A装饰雕塑有限公司是中国GRC协会会员，公司现购买发明专利1项，实用新型专利2项；董事长S作为企业负责人经常参加各种技术协会举办的学术会议，并于2013年在GRC全国行业会议上做主体演讲，通过技术协会、学习交流论坛，提升了公司信誉，并开拓思路，结识了有用的人脉，对企业的技术创新有相当大的帮助。

B制造企业在2009年准备购置一批先进的设备，但受到资金缺口限制，如果得不到解决，就会影响到B制造企业的技术升级改造，并进一步影响到产品的种类、质量和今后的销售市场。为了解决这个棘手的问题，B公司L总通过与政府相关人员的私人关系，申请到了省中小企业免息贷款，解决了当下企业资金缺口问题。近年来在市委市政府的关怀、帮助下，B制造公司在2013年获得了国家发改委重点项目，并与市商务厅、农委、工信委合作，开展网络营销平台，建设绿色有机基地以及合作社，认证绿色食品，积极引领全市绿色有机食品发展。董事长L认为商会接触面比较广、信息灵通，可以实现资源共享，可以解决资金问题，对企业进入新的生产和研发设备起到推动作用。同时，董事长L是该市当地多所大学食品工程系客座教授和食品工程专家，并聘请高校科研机构人员为公司技术顾问，已和这些高校等科研机构成立研究所，并通过其个人的人格魅力有效地整合很多资源，包括对政策的理解、外部科研机构的合作等。

C 装备制造企业 Z 总认为良好的政府关系可以帮助企业发展，会带来新的理念、技术、新业务和新的增长。通过政府相关主管部门的介绍和推荐，可以认识和接触到业内专家、高校等科研资源，并寻求合作，整合外部资源，有利发展，2005 年 C 装备制造企业 Z 总通过政府组织的商务考察，了解到竞争对手的产品设计和加工方法，并回国决定买断了国外专用特种物流运输装备的专利，引进国内进行生产，提升了公司的核心竞争力。

D 生物制品企业董事长 Z 总视科技创新为企业的根，他先后与美国某研究中心、黑龙江大学等科研机构、专家学者合作，帮助企业研发肽类天然生物防腐剂产生菌、乳酸链球菌素发酵废液、血制红色素三项技术改造及创新项目。Z 总深有感慨地说：“没有这些国内外专家的指导，与高校科研机构合作生产高科技含量的产品，我们企业也不可能发展这么快，从 2006 年发展至今，我们公司产品已经远销北美市场，成为很多知名企业的合作伙伴。”2013 年公司成功举办了中国食品添加剂和配料协会防腐－抗氧－保鲜剂专业委员会行业年会，董事长 Z 总作为承办单位发表欢迎词，通过这一盛会提升了 D 生物企业的行业知名度、美誉度，并借此机会结交了来自全国食品专业的专家学者，通过本次年会的交流，获取了信息和好的经验，对企业提高自身的生产经营水平有很大的帮助。董事长 Z 总说：“我是省人大代表，当选这一荣誉是政府和社会对企业和本人的认可，通过这些年的努力，结交了很多政府朋友，企业的发展离不开市委市政府的指导关怀。因为我们公司是高科技企业，技术创新是必需的，而很多项目是需要充裕的资金作为发展的保障，在我们发展过程中，政府全程帮助解决项目落实中的各种困难和问题，帮助我们拓宽融资方式和渠道，达到融资的基本条件，帮助我们产品在市场中尽快打开。”

由此，本书提出如下初始假设命题：

命题 2：企业家社会资本（政治关联、商业协会关系、技术协会关系）对技术创新能力有显著的正向影响。

3.5.3　企业家社会资本、技术创新能力与中小企业绩效

在上述四个案例中可以发现，本书所提到的关于企业家社会资本、技术创新能力与中小企业绩效之间的三者关系得到了支持和验证，具体见表 3.4、表3.5、表3.6。

诸如 A 企业家社会资本对技术创新能力的提升起到了一定的推动作用，并且技术创新能力促进了其企业绩效的提升，但企业发展 20 年仍在起步发展阶段。究其原因，A 企业虽说重视与外界的联系，并通过行业技术平台和科研机构的合作，提升了企业的知名度和影响力，但总体来说 A 企业家仅仅是这两年开始重视社会资本的建设，因此作用发挥空间有待进一步的提高。C 企业家社会

资本对企业的技术创新能力有一定的帮助,但发展相对缓慢,相对比较而言,我们认为B企业和D企业的快速发展得益于企业家社会资本有效合理的运用,当企业受阻面临融资难、审批难等问题时,企业与政府的良好关系帮助企业能够很好解决这些问题,并且企业家社会资本在社会中建立的良好声誉为企业赢得了更多的银行贷款,保证了企业能够有充足的资金进行研发投入;企业家拥有的商业协会以及行业协会关系使得企业家的视野更加宽阔,信息更加灵通,促进企业更加重视并进行产品研发,提高了产品核心竞争力。

企业家作为企业和社会环境的"接点",对企业的兴衰起到至关重要的作用。企业是资源和能力的集合体,企业家必须具备为企业获取所需资源的各种能力,而获取能力综合表现在企业家所拥有的社会资本方面。而企业家社会资本反映出企业家才能配置的能力,因此我们沿用熊彼特、鲍莫尔和施莱弗、吴敬琏和黄少卿(2006)等关于企业家才能配置的基本理论来分析上述问题。企业家才能在一切国家都是存在的,只不过在不同的制度环境中,即通行的博弈规则及其决定的经济回报结构下,企业家会在生产性活动或非生产性活动之间进行企业家才能的配置,以便获得更大的利益(包括财富、权力和声望)。

对于在转型经济发展方式的创新过程中扮演重要角色的中小企业家来说,人际关系是一种无形的资源,而这种资源就是企业家社会资本,它可以通过融合各种社会资源,不断创新,从而获取盈利机会,根据资源基础观,在"投入—研发—产出"的整个过程中,企业家社会资本需要考虑政府等其他利益相关者的利益,会直接影响到企业创新资源的分配,对企业形成自主创新和核心产业有显著影响,所以企业的技术创新能力是连接企业家社会资本与企业绩效的桥梁。对于优秀的中小企业来说,企业家社会资本必然要比一般企业家多,为了保持良好的发展态势,企业家社会资本必然将信息、观念、知识和资本等要素有目的地调动起来,会加大从事生产性活动,提升企业的技术创新能力,进而提升中小企业绩效,这样才能真正拥有持久的优势。

根据以上分析,本书提出如下初始假设命题:

命题3:企业家社会资本(政治关联、商业协会关系、技术协会关系)通过技术创新能力对中小企业绩效有正向影响的关系。

3.6 本章小结

本章对四家案例企业进行了对比研究分析,通过对案例数据的收集、编码和数据分析,本书初步分析了企业家社会资本、技术创新能力和中小企业三者之间的关联性和因果关系，根据分析，本书认为企业家社会资本正向影响中小企业绩效，同时，企业家社会资本可以通过技术创新能力来进一步正影响中小企业绩效。本书通过探索性案例研究的方法提出了初始理论研究命题，但由于案例选择的数量和信息的丰富程度的限制，本章仅仅提出了三个初始命题，还需要进一步的理论阐述和实证检验。我们需要明确的是，我们所提出的三个命题，并没有深入探讨他们之间的内在关系。基于此，在下面几章中，将进一步深入剖析，并提出更为明确的研究假设和理论依据。

第4章　企业家社会资本、技术创新能力对中小企业绩效影响模型的构建

4.1　企业家社会资本与中小企业绩效的关联假设

4.1.1　政治关联对中小企业绩效的影响

我国市场经济已经发展了30多年，虽说市场调节对资源的基础性起到了配置作用，但由于我国特殊的制度环境，有相当一部分资源仍掌握在政府手中。企业建立政治关联的动机是由制度环境决定的，制度越落后，建立政治关联的动机越强。张建君和张志学(2005)研究发现中国的企业一般会投入一定的资源处理与政府之间的关系，把政治战略放在非常重要的位置。企业家之所以要获得政治身份，并花费大量的精力甚至物质资源来获取这种关系，其原因在于它能够为企业带来竞争优势和声誉，而声誉和竞争优势又能够为企业带来现时和未来的巨大经济利益。由此看来，企业往往拥有强烈的动机建立与政府之间的联系。政治关联架起了企业和政府之间的关系纽带，而这种纽带可以为企业带来诸多好处和利益，主要表现在以下三个方面：

1. 政治关联可以保护企业的财产权

在我国经济转型时期，市场经济体制还不尽完善，政府依然掌握着大量的稀缺资源，并且行政手段随意性较大，缺乏对财产的有利保护，这使得企业家往往处于危险境地，因此他们会本能地向政府靠拢。通过与政府建立联系能够克服制度缺失对企业成长的阻碍。在我国经济转型时期，法律制度不健全，企业产权保护严重缺失、契约得不到有效保护，遇到纠纷问题难以受到公平对待，政治关联作为产权保护的替代机制，将有助于企业在生产经营活动中减少各方面的侵害。王永进和盛丹(2012)研究显示政治关联能够显著提高商业纠纷中企业的

契约执行和产权保护的概率,能够保护企业产权,有效地避免民营企业遭受法律歧视,并进一步说明随着制度环境的不断完善和市场化进程的推进,政治关联对企业契约实施环境的积极作用将逐渐减小。

2. 政治关联有效缓解融资难问题

白重恩等(2005)指出民营企业政治关联可以缓解信息不对称问题,从而降低贷款难度。余明桂和潘红波(2008)研究表明,政治关联对民营企业贷款规模和贷款期限有影响,并发现在正式制度缺乏时,政治制度能够替代非正式制度的作用,帮助民营企业获得更多的贷款。Xu 等(2010)研究发现由于信息不对称可能导致家族企业投资不足,而政治关联可以通过降低家族企业的外部融资成本来提高企业投资效率,缓解融资不足问题。Houston 等(2011)研究表明政治关联能够显著提高企业的信贷能力,提高贷款额度、降低贷款成本并能够延长债务期限。我国金融发展落后导致大量企业难以在市场化的基础上获得贷款,尤其对于中小企业来说,融资难度更大,所以为了克服自身不利的条件,很多企业家开始寻求政治关联的庇护,通过政治关联替代正式渠道来获取信贷资源。正如胡旭阳的研究表明,大多数民营企业都遇到过融资困难,并通过政治关联来保证企业在发展过程中所需要的资金。事实上,政治关联可以缓解由于落后的制度环境对中小企业发展的阻碍作用,帮助中小企业获得银行的信贷支持,促进中小企业经济绩效的提升。在资料搜集整理过程中,我们发现:

曾经的“7 000 万嫁女”主角执掌的山西最大煤炭民企山西联盛集团董事局主席的邢利斌是柳林县政协名誉副主席,山西省人大代表,并先后获得了“全国农村青年星火带头人”“山西省优秀厂长(经理)”“山西省第九届杰出青年企业家”“晋商优秀人物奖”等光荣称号。从最初 8 立方米的小铁厂起家,一步步走来的邢利斌,已经在吕梁建起了自己的煤焦帝国。邢利斌本人并不讳言自己与当地政府的良好关系,翻阅邢利斌的发家过程,胆识和运气是其成功的两大因素,而多年生意往来织就的融资关系网,也是重要因素。从最初创业的借钱包厂,到后来吸引港商投资焦化厂,再到得到兴无煤矿的融资,几乎每次遇到资金问题,邢利斌总能通过各种渠道解决。即使是在自己事业低谷期时,也能通过民间融资帮助自己让金家庄煤矿顺利投产,取得效益。

3. 政治关联有助于企业获得政府资源

政治关联可以帮助企业获得政府所拥有或控制的稀缺资源。即使在法律制度完善的发达国家,政治关联同样会极大地影响政府资源的配置。诸如,美国近 15 年来每次大选之后,随着执政党的转换,政府采购合同的供应商必然会转移到支持该党的企业。如曾任全国政协委员、全国工商联副主席、中国民间商会副会长等职务的最美政协委员刘迎霞所创建的翔鹰企业,其公司在数年内的发展中接下不少市政工程,从而把企业一步一步做大。翻阅资料发现,翔鹰企业所承接的项目大多数是政府工程。Adhikari 等人(2006)研究发现,马来西亚企业的实际利率与政治关联呈现负相关关系,具有政治关联的企业能够获得更优惠的实际税率。Mann 发现具有高进入壁垒的行业享受着比具有低壁垒行业高的利润。正因为如此,为了进入管制行业获取超额的利润,企业往往通过各种政治关系以取得有关政府部门进入许可的寻租活动。诸如在 2004 年以前,我国对汽车业进行严格的准入限制。但在 1998 年没有准生证的条件下,吉利集团第一辆两厢车"吉利豪情"下线,在 2001 年成功地获取到国家经贸委生产轿车的许可证。吉利汽车又是如何从一家小型民营企业,发展至今已成为一家跨地区、跨行业的国家级大型企业集团的呢?

事实上,这和吉利集团董事长李书福个人建立良好的政企关系的努力以及他的个人政治影响力是分不开的。作为进入门槛很高的行业,吉利发展壮大的过程几乎就是与各级政府部门公关、交涉、沟通的过程。上述过程也造就了吉利卓越的政府运作能力。同时,李书福曾先后荣获全国政协委员、浙江省工商联合会常委、浙江政协委员等荣誉。值得一提的是 2009 年年底,在吉利与沃尔沃达成协议后,吉利创始人李书福因此成为全球的焦点,《华尔街日报》更是把他类比为亨利·福特。2010 年 3 月 28 日,吉利汽车与美国福特汽车正式达成协议,中华人民共和国工业和信息化部部长李毅中、福特汽车董事长穆拉利以及瑞典副总理兼企业能源部长 Maud Olofsson 出席了签署仪式。在新闻发布会上,瑞典沃尔沃汽车公司工会组织表示,支持吉利的收购计划,为吉利与福特签署收购协议放行。

企业家开发和利用政治社会资本,有利于公司获得来自外部融资的便利性,能够获得更多的优惠待遇,获得政府税务减免或税收返还等税收优惠,能够改善民营企业的契约实施环境,促进资源、信息以及知识的流动,提升生产效率,进而提升企业绩效。总而言之,政治关联能够帮助企业有效地获取并充分利用政府垄断资源,诸如融资、行业准入许可、政府订单以及政府援助等政府资源,从而能够提高企业绩效。在我国经济环境中,政治关联对中小企业绩效有明显的正向影响。

通过调研也发现类似的结论,政治关联能够对企业经营产生或多或少的影响。企业拥有良好的政治关联可以帮助企业树立良好的商业信用,获取更多的资金支持,并且在土地审批、政府补助和税收减免方面都有一定的好处。

根据上述分析,提出第一个假设:

H1:政治关联对中小企业绩效有正向影响。

4.1.2　商业协会关系对中小企业绩效的影响

对于那些没有政治头衔的企业家，他们可能通过参与商业协会来维护其自身利益。在当前，我国最具代表性和权威性的商业联盟主要是工商业联合会（比如全国和地方工商联），这种商会主要作为相应级别的政治协商部门而存在，具有半官方性质，协会负责人一般经由政府部门任命，政治关联度较高，工商业联合会具有双重职能：一方面能够引导和管理会员为经济建设服务，参政议政、民主监督；另一方面是为会员服务。另外一种广泛探讨的商业协会是民间组织自发形成的行业协会，诸如某些来自同一地域的企业建立起了商会、同乡会之类的组织，是政府部门批准成立但具有较高自主性的民间商会组织，随着改革的深化和民营经济的不断发展壮大，民间商会组织发挥着日益重要的作用。企业家所参加的各种商会组织可以拓宽其商业社会资本，进而能够帮助中小企业积极参与到当地的区域经济合作，提升政府和企业间的联系。实际上，中小企业要解决政企冲突、实现产权界定与保护、获得多方经济扶持，得到有利的服务与帮助，都离不开商业协会这一官民结合的组织形式。在调研中我们同样发现，商会在企业经营发展过程中具有一定帮助，一位企业的高管这样说道：

"从公司成立一直到2005年，A公司的规模仍然不大，为了加大营销宣传，我们找到一家媒体进行广告宣传，没想到第二天我就傻眼了。工商税务全部上门来查账，原因是既然你老板这么有钱，就应该来查查，一年六次啊！虽然我们是守法经营，但也经不住这样的折腾！但后来我加入了A市商会，经过商会的协调，我的烦恼终于有了了断。"

商业协会关系提升中小企业绩效可以通过声誉效应和信息效应来实现。中小企业因为借贷难而成长不良，已成为我国当今中小企业服务体系建设急需破解的一大难题，商业协会关系可以通过声誉效应帮助中小企业解决融资难问题。张善杰（2008）通过个案分析表明在工商联和人民银行协会指导下以"俱乐部"的形式聚合零散的信用担保资源对于有效地破解中小企业融资困局具有现实指导意义。联保融资服务是商会组织为中小企业会员在融资服务领域打造的一个精品模式和成功范例。商会成员、担保商会、金融机构三方都可以从中受益，实现多方共赢及和谐发展局面。郁建兴（2011）认为商会对于中小企业融资发挥着非常重要的桥梁作用。企业家所拥有的商业社会资本可以帮助中小企业降低贷款的风险和成本，有利于树立良好的商业信用，促进中小企业发展。

国内外不少文献（Doner 和 Schneider，2000；赵永亮和张捷，2009）都指出商业协会的存在是因为它能够弥补市场失灵和政府失灵，从而节约交易成本。商业协会是为了避免囚徒困境、有限理性以及政策损失等因素给企业带来的影响，以追求厂商长远利益所形成的企业自组织。科尔曼认为："法人参与者最终能够从自然人手中获得运行的资源,这些人为了追求共同目标,把他们的资源结合起来,从而建立和组织这样的一些新的集体资源。”昂格尔(1994)同样也认为组织间之所以能够接受并遵循一种人们之间的相互关系的框架,原因在于他们相信这是实现其目的的手段。当企业家正式申请加入商会的时候,企业完成了一件从法理角度来看是十分重要的事项,即企业将自愿作为独立承担民事责任的企业法人的一部分权力,交给了商会统一掌握、占有、使用和出发,形成了一种委托-代理关系。再次,在一定范围内,商业协会代表会员企业的全部利用,促进工商经济的发展,权衡并协调每一个工商行业及企业的经济利益。诸如,伦敦商会在英国非常有影响,该商会可出具原产地证书、信用证、进出口许可证等。日本商会也拥有一定的国家公权力,能够从事办理出口产品原产地证明的工作。科尔曼同样认为:“如果行动的任何一方不服从规范,必须对其实施惩罚,只有这样,规范方才能行之有效。”商会可以约束商会成员的不合理行为,增进会员的共同利益,促进商会会员共同行动。具体来说,商业协会作为大多数会员企业利益的代表,可组织商业协会中的企业参加谈判,调动企业参与区域经济的合作,协调会员之间的利益冲突,并使合作水平逐步提高。

本次研究案例企业中也有相似的结论:

“2011 年 8 月,D 公司与土耳其客户成交一批约 5 万美元的食品。D 公司按期出口该批货物,但商品到目的港后,客户拒不提货而使货物滞留海关。根据土耳其海关规定,货物到港后滞港超过 45 天将被海关查扣拍卖,而将货物拉回国又必须得到土耳其客户的同意,但客户不肯出具买方退货声明,某市国际商会十分重视,迅速展开为企业维权的活动。根据案情分析,土耳其客户有可能是利用当地海关政策蓄意坑害中国企业,此前类似案件也有发生。商会立即为企业制订了追款方案:首先出具出口商授权书,并送交土耳其驻沪领事馆进行认证,代替土耳其进口方不愿意出具的退货声明,为寻找第二个买家做准备;其次出口企业向中国国际商会总会申请出具商会敦促履约函,给土耳其进口方施加压力,并争取延长进入拍卖名单的时间;第三,出口企业人亲赴土耳其,与客户当面对质,并与当地海关、货代公司和银行现场协调沟通。最后,经中国国际商会多方协调,积极敦促,凭借使馆认证的具有域外法律效力的出口商授权书,出口企业顺利将货物转让给下家,收回全部货款。而拒绝付款提货的土耳其进口方被列入国际商会总会黑名单。”

尤其是我国处于经济转型期,市场秩序混乱,交易成本高昂,信用水平低,自发产生的商会通过向其成员提供一个相对稳定、协调和信息充分的制度环境,起到了提高市场效率和改善企业经营绩效的作用。中小企业家拥有的商业社会资本可以帮助中小企业与竞争对手建立起良好关系,进而可以避免恶性竞争,促进公司合作和“串谋”。Forrester 和 Maute(2001)指出企业管理者之间的这种私人关系可以作为公司间关系的润滑剂进而降低交易成本。Acquaah(2007)亦指出,企业家与其他企业高管间的关系网络可以使企业获取更加有价值的信息和知识,从而对中小企业绩效产生积极的影响。

根据上述分析,提出第二个假设:

H2:商业协会关系对中小企业绩效有正向影响。

4.1.3　技术协会关系对中小企业绩效的影响

技术协会关系是指企业家所拥有的各种技术社会资源,主要是企业家参与各种专业技术协会以及与各类科研机构建立联系所获取的资源。其中专业技术协会是沟通政府和企业的桥梁,既有研究表明,发展中国家技术协会在经济发展中发挥着"市场性补充"和"市场性支持"功能,前者是指技术协会可以克服市场缺陷而供给俱乐部产品,后者指通过影响政府行为来实现行业内基本公共物品和服务的供给。林南(2001)认为,社会资本的研究有3个基本范式:社会网络、民间集聚和信任。普特南同样认为,社会资本主要通过组织的信任、规范以及网络来促进合作行为进而提升社会的效率。专业技术协会作为民间集聚的一种形态,是同行企业自愿结合在一起,在本质上体现了同一行业内企业间的信任、合作、互惠以及网络资源状况。专业技术协会大部分依然与政府有紧密的联系(Deng和Kennedy,2010),专业技术协会可以制定行业规范和标准,提供贸易信息和咨询服务,惩罚不正当竞争,避免出现机会主义和恶性竞争,同时还可以替代政府行使一定的职能,大大降低管理成本,节约了交易费用。诸如,2008年国务院国有资产监督管理委员会就我国75家行业协会进行的调研显示①:

"为了防止企业间的低价倾销等不正当竞争的行为,中国建筑玻璃与工业玻璃协会依据我国《价格法》和《反不正当竞争法》及相关行政法规,依法维护市场秩序,制止低价倾销。中国建筑防水材料工业协会参与了制定《建筑防水卷材生产许可证实施细则》的有关工作,对保证行业企业的产品质量,起到了重要作用。中国化学矿山协会、中国模板协会和中国废钢铁应用协会,都分别制订了行业自律办法或行业准入标准,在维护市场秩序、规范竞争方面有效地发挥了作用。"

作为一种专业型的社会组织,专业技术协会规定了组织成员资格、研究领域方向、技术发展路径和协会成员之间的行为规范。大多具有健全的信息渠道,能够为会员企业提供包括市场、技术、社会和政治情报等信息,企业高层管理人员加入专业协会,能够帮助企业从全球竞争角度制定和实施产品竞争战略,调整产品结构,实施产品差别化战略,从而提升产品附加值,避免企业在低附加值的产

① http://www.sasac.gov.cn/n1180/n1566/n259760/n264836/5065416.html.

品中进行过度竞争;能够通过提供的近期市场信息,帮助企业掌握该领域行业内最新的专业技术发展趋势和信息,以及各种有用的技术资源,这些信息资源能够帮助会员企业快速适应迅速发展市场的变化;同时,通过专业协会组织获取该领域技术专家的认可,获取技术合法性,并有机会参与该行业的技术标准的建立(梁强等,2011),有利于企业获取创新资源技术的先行优势,从而为企业形成"隐形的保护壁垒"。专业技术协会能够通过促进企业之间的交流和相互的声誉等促进合作,王玉珍和任一(2006)以天津市自行车行业协会的案例分析表明,当众多分散且相互竞争的小企业难以形成一致的行动时,行业协会通过展会平台和整体品牌效应这两个服务性产品,赢得行业内企业的拥戴,进而获得了整合行业资源、实施行业治理的权威。郭红东和蒋文华(2007)通过个案分析江山市养蜂协会,发现该协会经过多年发展已经形成了一个广泛的社会关系网络,参与协会的企业通过这个网络,不仅能够方便地获取有关产品生产、加工及销售的技术和信息,而且对成员的信誉信息非常了解,从而节约了交易成本。

温州烟具行业协会的经典案例向我们展现了行业协会对企业发展的作用。2002 年 6 月 28 日,欧盟决定对中国出口欧盟的打火机进行反倾销立案调查。当温州市烟具行业协会会长周大虎听到这个消息时,一下子就傻了眼,"反倾销"案件,政府不能介入,而且不能在一些相关场合出面,而周大虎他们从未经历过此事,对"反倾销"一无所知。当时间已经过去三年后,周大虎回忆这段往事依然感慨万千。在傻呆了八天后大家觉得还是只有协会出面,才能够解决这个问题,因为协会是民间组织,不是政府部门,而且可以集结力量。但在请专家、律师以及启动资金筹钱捐款的时候,20 多人在会议室里面僵持住了,谁也不肯第一个掏腰包。还是周大虎本人率先带头,捐了 10 万元!后来这次捐款有近百万元——也成了第一批打官司的启动资金。开始参与的有 20 多家打火机企业,最后定下为 16 家。经招标,协会选择了价钱最高的一位国外律师。2003 年 7 月 25 日,温州打火机应对欧盟反倾销一案自动终结,温州市烟具行业协会为代表的打火机企业胜诉。"当时我们只知道胜诉的感觉真好,后来通过媒体才知道这是中国加入 WTO 后应对欧盟反倾销诉讼的首次胜利,也是我国地方民间行业协会组织中小企业小产品反倾销胜诉的第一案!"周大虎说。还有一个让温州打火机企业意想不到的收获是,因为协会出面组织温州打火机企业带来的胜诉,现在不管到哪个地方、部门,十个人有九个人知道温州打火机。"这是我们协会、行业花几千万元广告都得不到的。"

郁建兴等人(2013)通过对江苏、浙江和上海三省市的实地调查显示,在品牌营销方面,95.6% 的技术协会帮助会员企业申报知名品牌行动,57.6% 的技术协会参与建设行业品牌或集体商标,93.6% 的技术协会组织会员企业开拓国内外市场,93.6% 的协会组织会员企业对外交流调研考察并进行跨国合作,64.3%

的协会促进了上下游产业链合作，技术协会在推动当地经济发展起到了非常重要的作用。

根据上述分析，提出第三个假设：

H3：技术协会关系对中小企业绩效有正向影响。

4.2　企业家社会资本与技术创新能力的关联假设

技术创新是中小企业生存和可持续发展的命脉，但创新活动总是嵌入在有效的互动或多种社会关系中。社会资本理论认为，企业与其他企业或个人的联系是获取外部环境中关键资源的重要方法。企业家社会资本会使企业具有更加开放的创新意识，拥有更多的创新资源，吸纳更多的高技术人才。企业家社会资本的不同维度会导致企业从企业家社会网络中获取的动员资源产生差异，会影响到中小企业创新投入能力。

4.2.1　政治关联对技术创新能力的影响

在我国经济转型时期，政治关联作为一种替代机制，可以为企业的发展提供诸多便利。政府有相当大的权力通过政策的干预和支持来影响企业的微观运行，企业通过与政府建立的政治关联，可以提升其沟通效应，获取稀缺的资源。政治关联可以帮助企业获取所需要的资金、人力、技术以及设备等关键资源。企业家利用政治社会资本往往选择经营风险低、市场稳定、获利快的项目进行决策，不愿意从事风险高、研发周期长、市场不确定的技术创新项目，研发投资动机较弱；然而企业家拥有的社会资本同样能够帮助企业获取政策、信息、资金等资源，得到更多的技术信息资源，获得更便利的外部融资，使企业在研发中有及时且充足的资金保障，越有可能进行研发投入。

"作为一家高科技通信技术企业，华为多年来一直以自主创新闻名。通过大规模的投入和苦心经营，华为开始从自主创新中收获果实。随着通信市场的不断发展和各种电信技术的规范更新，华为已经牢牢巩固了其在业界的龙头地位。而在走进这家高科技企业的时候，我们还发现，在创新的道路上，政府的身影也正渐渐清晰。最近以来，前往华为调研的政府和银行、投资机构的人很多。这种新现象无疑在透露出这样一个信息：随着发展的步伐不断加快，华为也正越来越得到政府和其他有关部门的高度重视，主动服务，谋求政府与企业间的良性互动，正在成为如今华为发展进程中的一种新气象。"

相比大型企业而言，中小企业在技术创新过程中面临着融资约束和管制性壁垒等问题，相比于一般的投资活动而言，技术创新活动具有投资大、周期长、风险性高等特点,仅仅凭借中小企业,很难摆脱歧视困境,于是大多数中小企业期望依托于政治关联突破壁垒以获取稳定的创新资源。余明桂和潘红波(2008)认为,政治关联可以降低民营企业遭受信贷歧视的概率,并能够获得更长的债务期限。当中小企业的技术创新活动与政府监管发生矛盾时,良好的政治关联可以更加顺利、并及时地解决冲突,从而减少公共关系成本;良好的政治关系可以帮助中小企业在技术创新过程中获取各种稀缺资源,诸如政府补助、外部融资以及宽松的行业准入,从而保障了中小企业技术创新的资金供给,并在一定程度上破解了行业准入壁垒。政治关联还有助于中小企业获得更多来自于政府的研发财政补贴,将有利于中小企业进行技术创新。此外,由于我国中小企业大部分成立时间较短、规模较小,自身对创新所需要的人力、技术以及设备等资源的积累非常有限。政治关联也可以帮助中小企业与大学、科研机构以及外部研究机构建立起合作关系,从而更加方便地获取技术、人才等创新资源。Teece(1986)认为企业能够获取技术创新活动所产生的收益在很大程度上依赖于其所面临的产权保护水平。不少学者认为政治关联可以提升企业自身的产权保护水平,政治关联可以帮助中小企业利用与政府或官员的关系,避免或减少其他组织或个人对中小企业私有产权的侵占;在法律制度不完善的情况下,可以通过政府官员的协调解决。王珍义等人(2014)认为良好的政治关联可以帮助中小企业及时有效地获取科技信息,抢占科技信息的制高点。

本书的实地调研也有相似的结果,B 公司董事长说:

"我们公司之所以 2013 年能够被认定为国家级高新技术企业,并且获得国家级项目,这一点除了我们企业的创新中心做得不错以外,还应该感谢当地政府为我们搭建的平台,企业的发展离不开政府在战略层面、规划层面、政策层面以及科技项目方面的全力支持。"

基于以上分析提出以下假设:

H4a:政治关联对 R&D 投入强度有正向影响;

H4b:政治关联对科技人力资本投入强度有正向影响;

H4c:政治关联对研发发展能力有正向影响。

4.2.2 商业协会关系对技术创新能力的影响

由于资源受限及创新效果的不确定性,我国很多中小企业不敢进行大量研发经费投入。商业协会关系能够帮助中小企业提升其技术创新能力。首先,商业协会能够为企业提供大量潜在的市场机会,能够促进企业获取宝贵的知识和资源。陶侃等人(2011)研究表明,在绍兴纺织行业由于中小企业缺乏创新精神,一味地被动适应外部环境,加之信息不对称性,资源相对缺乏,中小企业往往很难进入新业务领域;而行业内的大企业总是市场"太小"而拒绝开发新产品和新服务，这就形成了产业内大企业和小企业都不进行创新的矛盾，大企业不管创新，小企业只管搭便车。作为第三方组织，绍兴商会帮助会员企业提供市场调查信息、政策法规咨询、技术咨询、专业知识培训等服务，发挥商会的整合功能，把散落在轻纺城的相关资源和商会会员有效地结合起来，促进了纺织行业和绍兴经济的发展。同样在我们实地调研的过程中，C生物企业高管讲述了他的感受：

“在我们企业经营过程中，市商会经常组织我们会员单位到外地考察，引导我们不断地提高自主创新能力，而且还为我们提供与相关科研机构院所合作的机会，并鼓励我们实施品牌战略，紧跟国家政策形式，发展战略性新兴产业，找准商机、发展壮大自己。”

我国大部分中小企业受到资金、信息等资源限制而很难聘请到高素质的人才，因此，企业高管通过建立强有力的商业协会关系，可以拓宽企业高管的人脉关系，开发社会资源，有利于企业获得与政府相关部门接触的机会，并提高他们在社会中的地位和声誉，通过高管社会关系的影响力来解决资源稀缺问题。企业家拥有的商业社会资本可以解决中小企业融资难问题，能够帮助中小企业拥有更多资金进行研发投入。实际上企业家在加入商会过程中，会潜移默化地影响着企业家的价值观、财富观，拓展企业家的创新思路，进而倡导企业转型、创新，吸纳各种资源和更优秀的人才，拓宽人脉，提升中小企业的研究发展能力。因此，提出以下假设：

H5a：商业协会关系对R&D投入有正向影响；

H5b：商业协会关系对科技人力资本投入有正向影响；

H5c：商业协会关系对研发发展能力有正向影响。

4.2.3 技术协会关系对技术创新能力的影响

技术协会关系能够帮助中小企业拓宽知识领域并获得新的观念、新领域科技信息。技术网络理论表明创新型企业经常会参加行业技术协会的各项活动，组织各项技术交流活动。此外，公司加入网络可以找到更多的技术主管合作伙伴和促进当前市场信息的采集，包括信息技术资源和市场技术的变化。杨心伟等(2012)研究表明国内与甜菊产业相关的专业技术协会包括食品工业协会、乳制品协会、饮料工业协会、中国甜菊协会等十几个协会，这些协会在参与甜菊工艺标准修订、扩大甜菊适用范围、提供高效便捷专业技术服务、推动行业技术进步等方面均发挥着重要作用。徐晞(2013)研究表明中国台湾行业协会经常通过定期出版杂志刊物、网站等信息全方位地向会员企业提供政策法规、行业趋势、市场动态等最新消息，还不定期举办各种专业展览，诸如台北国际电子展、台湾国际RFID应用展，为提升本行业的产品优势、技术创新能力，长期持续对会员企业和人员进行培训，并为本行业厂商提供人才信息和招募平台等服务功能。

郁建兴等(2013)通过对江、浙、沪三地的实地调研发现:60.6%的技术协会为行业共性技术创新搭建了平台;70.9%的协会对会员企业实施专利技术申报和知识产权保护指导;84.2%的协会帮助会员企业实施了新产品和新项目的开发;42.4%的技术协会为会员企业搭建了产学研联动平台;53.2%的技术协会帮助会员企业改善生产工艺,提升企业内部管理,促进节能减排技术改造。技术行业协会能够帮助企业在再生产过程和生产技术上促进产业升级,甚至通过共性的技术设计和研究开发实现价值链的转移,诸如我国台湾电子行业协会邀请世界各地关于行业最新技术和管理的专家举行论坛,并将相关的技术信息和管理理念提供给会员企业;秘鲁国家鞋业协会对产业内的共性技术信息进行联合投资购买并信息共享,生产资料的企业在技术上也开展类似的合作;与秘鲁相类似做法的巴西也利用技术协会建立起企业和供应商相互合作关系,并通过培训和信息共享来提高其竞争能力;阿根廷的冶金协会和秘鲁的鞋类协会组织国际贸易展会,为会员企业提供国际市场平台,协助产品设计,以及引进供应商和采购商。

温州五金行业协会在对会员企业技术创新方面帮助非常大:

"2001年11月12日,温州五金行业协会成立。随之,发起举行'独立开发创新,决不模仿他人'大型签字仪式,制定了《锁具维权条例(公约)》,规定每月10日为维权日。国家专利局认为这是'对专利法的有益补充'。五金行业协会主要对新产品的'外观设计''结构设计'及'包装设计'进行维权认定。企业研制的新产品,经行业协会登记、调查、测试合格后,由专家鉴定委员会审定通过,确定维权期限,并在报刊上进行公示、通告,发给维权证书。据了解,维权几年以来,一共维权280多起,发生侵权行为12件,通过维权委员会调解,侵权单位都是主动销毁模具。"

我们调研的C企业也有类似的结论:

"C公司参加了欧洲食品配料展(Fi Europe),此次食品配料展由欧洲UBM集团公司主办,是业界关于食品及健康配料最高层次的行业国际盛会。在短短的3天展会期间,我公司在展会上发现了新的商机,围绕我公司的是新的合作伙伴,新的业务联系,参加此展会是把我公司产品销往全球最好的契机,同时,我是省食品添加剂应用协会会长,这个平台让我能够有幸接触到我们行业内的高科技人才,为我们展开项目合作以及吸引人才提供很好的便利条件,通过这个平台,我们公司先后与多家科研机构合作开发项目,并引进多名高科技人员。"

基于上述分析提出第六个假设:

H6a:技术协会关系对R&D投入有正向影响;

H6b:技术协会关系对科技人力资本投入有正向影响;

H6c:技术协会关系对研发发展能力有正向影响。

4.3　技术创新能力对中小企业绩效影响的关联假设

资源观理论认为企业绩效的差异来源于企业价值是否有难以模仿、稀缺的、并具有价值的不可替代的资源。在企业的诸多资源中，创新性的知识资源通常具有这些战略特性，并构成了企业竞争优势的源泉。

4.3.1　创新资源投入能力对研发开发能力的影响

创新资源投入就是创新活动的输入资源，根据资源基础观理论，当这些创新资源具有难以替代、难以模仿、有价值并且稀缺的特征时，会对企业创新更加有利。创新资源投入能力作为创新活动的资源投入，涵盖了从资金、人力到物质资源在内的各种要素。研究开发能力是技术创新能力的基本要素，企业通过研究开发，吸收引进先进的科学技术成果，把科学技术知识转化为新的产品和设备，并形成或创造出新的生产工艺和方法。首先，充足的研发资金投入显然是引起创新的关键性投入，有利于实现差异化的研发项目资助，形成专属性的技术。尤其在我国这样一个制造强度较高的市场中，缺乏资源投入是不利于创新发展的。其次，充足的研发资金投入一方面能够为企业吸引高层次的创新人才，保证企业研发机构的正常运作，另一方面又能够提供设备基础技术等多方位支持，为企业研发工作开展提供必要的物质保障。再次，对研发人力的投资，既能通过加强培训提高现有的人力资本能级，更有助于吸引和接纳更多、更高层次的研发人员，从而不断积累企业的知识资产，提升创新研究开发能力。支燕（2009）实证结果表明资本及人力投入是行业创新绩效提升的主导。本书对部分企业的实地调研也有类似的结论。A 公司董事长说道：

“我们企业非常重视技术创新，然而我们企业处于我国偏远经济欠发达地区，因此，招工难、留人难已成为普遍的现象，技术人才缺乏更是制约我们企业发展的瓶颈，但是我们下大力气进行研发投入，并且我们已经着手准备在发达城市诸如北京、上海建立技术研究机构，以提升我们公司研究开发能力。”

B 公司董事长也透露相似的难处，这位负责人说：

“我们公司没有地缘优势，很难吸引到优秀的人才，所以我们很多发明专利是与科研机构合作或者购买的，我们也知道企业的核心竞争能力是技术创新，而技术创新的关键靠研发人员的智力劳动，因此我们正在加大研发投入，并通过人文关怀、优秀的企业文化吸引人、留住人，真正提升我们企业的研究开发能力。”

根据以上研究以及访谈情况，本书提出以下假设：

H7a：R&D 投入对中小企业研发发展能力有正向影响；

H7b：科技人力资本对中小企业研发发展能力有正向影响。

4.3.2 创新资源投入能力对中小企业绩效的影响

创新资源投入能力是企业技术创新能力的基础。相关实证研究表明，人力资源投入是可持续改善企业绩效的主要来源，因为它们在企业发展过程中具有不可替代的作用，并且多数学者认为 R&D 投入有利于企业提升绩效。研究开发能力是技术创新能力的基本要素，企业通过研究开发，吸收引进先进的科学技术成果，把科学技术知识转化为新的产品和设备，并形成或创造出新的生产工艺和方法。由于研发活动具有高风险性、收入难以确定性，且研发活动是一项非常长期的项目，往往需要超过一年的时间才能显现出来。因此，其带来的收益也存在滞后性，在研发活动投资的当期，其巨额的研发支出费用化处理可能会给企业当期利润带来影响。然而，与 R&D 活动的逐步推进，结果应用到业务流程，只要项目获得成功的产品开发和技术优势，R&D 投资的好处将很快反映出来。这样的好处可以体现在提高生产力，降低产品成本，也可能是提高产品质量从而提高了产品价格，这就使得研发支出带来的效益在经营成果中体现出来。Brofman Epelbaum 和 Garcia Martinez（2014）认为人力资源的技术创新主要来源是可持续改善性能，因为其短期和中期的资源是不可替代的。

我国市场经济体制的不断完善加剧了企业间的市场竞争，其中最主要的是科技实力的竞争。为了在竞争中取得优势地位，企业需要合理地配置科技资源来提高企业绩效。对中小企业来说，创新是企业保持核心竞争力的关键，而研发投入是技术创新的资源投入，包括人力、财力和物力等多种要素，为中小企业成长，积极、持续创新，寻找新发展机会提供了保障。中小企业的成长主要体现在新产品或改进产品的产出，研发费用投入和人力资本的投入是影响中小企业创新的主要因素。首先，人力资本的投入主要是技术人员的培养和引进，技术人员是科技型中小企业一种稀缺性资源，主要从事富有创造性的工作，是创新活动的主要执行者，科技型中小企业中技术人员专长和经验的差异，使他们通过知识共享和交流合作共同发明创造，这不仅有利于提高企业的技术创新水平和知识资产，而且有利于科技型中小企业的成长。其次，科技型中小企业规模小，融资难，技术落后等自身条件限制了企业成长，但充足的研发资金，在为企业研发活动提供各种设备、设施等支持性条件的同时也有利于企业差异化进行项目开发，在合理利用人力、物力的基础上，形成企业特有技术，建立企业自有的创新团队，对企业建立核心竞争力、实现长期发展有重要的决定作用。

在本次调研中，我们也发现类似的结论，一家企业的负责人这样说：

“我们企业已经发展 20 余年，所受到的最大的阻力还在于自己，我们企业的人才流失严重,2012年我们公司通过高薪聘请了一名常务副总,专门负责市场开拓,在这一年中我们拿下了不小的订单,企业效益翻了一番,同时我们今年又加大了研发投入力度,我们相信通过我们不断的努力,企业会上一个新的台阶!"

根据以上研究以及实地走访调研,本书提出以下假设:

H8a:R&D投入对中小企业绩效有正向影响;

H8b:科技人力资本投入对中小企业绩效有正向影响。

4.3.3　研究开发能力对中小企业绩效的影响

研究开发能力是技术创新能力的基本要素,企业通过研究开发,吸收引进先进的科学技术成果,把科学技术知识转化为新的产品和设备,并形成或创造出新的生产工艺和方法。国外学者Myers(1977)对技术创新带来成长机会与企业价值创造的关系进行了实质性的突破,认为企业价值包括实物资产价值和未来成长机会的现值。固茨(Guth, 1990)认为,技术创新可以提高企业产品的市场竞争力,也可以形成企业新的利润增长点,从而提高企业获取未来收入的能力。Stopford(1994)认为技术创新有助于企业提升生产与经营能力,获得新的核心能力,从而促进企业成长,提高企业价值。Fujita(1997)认为随着企业间竞争日趋激烈,企业经营日益国际化以及产品生命周期日渐缩短,技术创新对于企业的生存与发展日益重要。Kumar和Siddharthan(2002)以213家中国工业企业为调查对象,研究了这些企业的创新能力与创新绩效的相关性。Daniel I. Prajogo(2006)研究了创新影响因素、创新能力与创新绩效之间的关系,得出的结论是:创新绩效与创新能力、创新能力与创新绩效之间存在相关关系,而创新影响因素与创新绩效之间的关系不明显。他提出的创新影响因素有企业家行为、人员、知识和创造力几方面。彭玉莲、卢春源(2011)利用专利作为研究开发能力的重要代理变量,实证研究发现专利对企业价值存在影响。王铁男(2012)从"资源－能力－绩效"这一经典模型解释技术创新对企业绩效的影响,并指出技术创新能力是企业的核心能力,影响着企业的产品和服务在市场中的竞争力,进而影响着企业绩效。Atalay等人(2013)分析结果表明,技术创新(产品和过程创新)影响公司业绩。Camisón和Villar－López(2014)从产品和工艺创新两个方面,分析技术创新对企业绩效的影响,利用西班牙144家企业实证得出产品创新和工艺创新会提升公司绩效。

本书对案例企业的实地调研也有类似的结论,一名企业董事长这样说道:

"我们积极寻求与研究机构合作,以市场需求为基础,我们公司对研究机构及专家的项目和成果进行选择,我们公司的战略是拥有领先的技术产品,如果不重视科技创新,我们将缺乏长期发展的后劲,特别是对于我们高科技生物产业来说，如果没有研究开发能力，没有核心技术能力，我们的盈利空间将逐渐缩小。”

根据以上研究及实地调研结果，本书提出以下假设：

H9：研发发展能力对中小企业绩效有正向影响。

4.4 技术创新能力的中介作用

社会资本理论认为，企业与其他企业或个人的联系是获取外部环境中关键资源的重要方法。企业家社会资本会使企业具有更加开放的创新意识，拥有更多的创新资源，吸纳更多的高技术人才。在中国经济转型期，企业家利用政治社会资本往往选择经营风险低、市场稳定、获利快的项目进行决策，不愿意从事风险高、研发周期长、市场不确定的技术创新项目，研发投资动机较弱；然而企业家拥有的社会资本同样能够帮助企业获取政策、信息、资金等资源，得到更多的技术信息资源，获得更便利的外部融资，使企业在研发中有及时且充足的资金保障，从而更有可能进行研发投入。相关实证研究表明，人力资源投入是可持续改善企业绩效的主要来源，因为他们在企业发展过程中具有不可替代的作用，并且多数学者认为 R&D 投入有利于企业提升绩效。企业家社会资本的不同维度会导致企业从企业家社会网络中获取的动员资源产生差异，可能影响到中小企业创新投入能力，并进而影响企业经营绩效。同样，企业家社会资本能够帮助企业进入新的领域，如新的市场和技术领域，收集当前市场信息，并能够帮助企业整合新知识，还可以帮助企业家寻找新的合作伙伴，提升企业研究开发能力。一般而言，企业家社会资本规模越大，企业越有可能获得企业外部的技术创新合作机会，增加与研究机构的合作能力，并可以获得更多的投资项目，有利于专利等科研成果产出，从而更有可能提升企业绩效。企业社会关系网络的范围越广，越有可能帮助企业采用新的工艺技术水平、提升关键设备技术。企业家社会资本的信任机制能够使企业更加重视产品质量，并将员工、合作伙伴、顾客联系起来，使企业富有生机；企业家社会资本更有可能节省信息收集和询价费用；网络成员之间的交易也因相互之间的信任和长期合作而节省讨价还价、契约制订和执行费用；同时企业家所拥有的社会资本对企业的知名度、美誉度、新产品市场份额以及分销网络响应程度都会产生影响，进而影响企业绩效。

技术创新始于各类资源的投入终于企业经济目标的最终实现，技术创新对中小企业绩效的影响可以依据“资源 - 能力 - 绩效”这一经典的模型进行分析。首先，技术创新能够为中小企业绩效带来增长，表现在以下几个方面：其一，技术创新会给中小企业带来垄断利润，技术创新能力强会使中小企业比同行业的其他企业在更短的时间内生产出完全新产品、改进型新产品和新工艺，在知识产权的有效保护条件下，其他企业尚未掌握这种产品的制造之前，技术创新会使中小企业获得一段时间该产品的垄断权，控制生产该种商品的生产和销售，可以在一定程度上控制商品的定价。这样，企业可以保持较高的市场份额，从而使得企业的销售额大大增加。其次，技术创新能够有效地降低产品的生产成本。正如我们所知，中国经济近三十年的飞速发展，很大依赖于中国人口红利。随着人口红利的逐渐减弱，技术创新必将承担更加重要的作用。技术创新改进了原有的生产工艺，降低了原材料和能源的消耗量，节约了生产成本，提高了企业的劳动生产率，进而使中小企业绩效得以提升。本书对案例企业的深度访谈中也得出类似的结论，A 企业董事长这样说道：

"我是一名大学教师，同时是企业负责人，由于受到高校科研环境的影响，我们公司非常重视技术创新能力的提升，我也经常去参加行业协会的一些活动，不断地接触到行业最新的信息；商会经常组织我们去发达城市、先进的企业参观考察，这些经历使我开拓了思维方式，并让我们有机会参与到一些大项目的竞标中，近些年我们公司的发展态势很好。"

B 企业董事长这样表述：

"在中国，作为民营企业家必须要讲政治，必须要紧跟国家政策，有人说我是红帽子，我们公司如果没有这种关系，没有政府及时提供的各种技术信息资源，我们不可能获得国家大项目，公司不可能发展这么迅速，市工信委的一位朋友帮我联系了某高校研究所，我们公司依托于该研究院的技术优势，取得一定核心技术能力，对于企业创新来说，信息共享是非常重要的，广交朋友，只有关系网络非常通畅，你才能形成市场的冲击力……"

总而言之，中小企业的发展离不开技术创新能力的提升，企业家社会资本能够为企业带来各种资源，会影响到企业的技术创新能力。技术创新能力在企业家社会资本与中小企业绩效间，能够起到一种桥梁似的中介作用。企业家对资源的配置能力决定着异质性资源效用的发挥，企业家所掌握的资源会影响到技术创新能力的水平，最终作用于企业绩效。

基于此，本书提出关于技术创新能力（创新资源投入能力和研究开发能力）中介作用的相关假设：

H10a：R&D 投入能力在政治关联与中小企业绩效关系中起到中介作用；

H10b：科技人力资本在政治关联与中小企业绩效关系中起到中介作用；

H10c：研发发展能力在政治关联中小企业绩效关系中起到中介作用；

H11a：R&D 投入能力在商业协会关系与中小企业绩效关系中起到中介作用；

H11b：科技人力资本在商业协会关系与中小企业绩效关系中起到中介作用；

H11c：研发发展能力在商业协会关系与中小企业绩效关系中起到中介作用；

H12a:R&D 投入能力在技术协会关系与中小企业绩效关系中起到中介作用;

H12b:科技人力资本在技术协会关系与中小企业绩效关系中起到中介作用;

H12c:研发发展能力在技术协会关系与中小企业绩效关系中起到中介作用。

4.5 制度环境的调节作用

制度环境对企业成长的影响一直都是管理学和经济学关注的焦点。在我国全面深化经济改革背景下,制度环境作为构成企业外部环境的重要部分,对企业的生存和发展有着重要的影响。企业是镶嵌在社会网络中的个体,也时时处在一定的制度环境中。作为追求利润最大化的经济动物,企业行为取决于制度环境的导向。为了适应所处的环境,企业的行为通常倾向于趋利避害,制度环境的差异和变化会导致企业不同的经济特征和行为。

我国各地区制度环境存在着一定差异,我国不同区域制度环境之间存在较大差异,这一研究已经被我国学者樊纲等所研究的有关中国不同区域市场化指数连续多年的测量所证明。樊纲等人指出我国国内市场不同的地区之间并不能简单地被视为一个统一的市场,国内市场化发育程度的不平衡性并没有得到明显改善。由于我国地域辽阔,各地区的社会文化因素差异较大,导致我国各地区间社会资本水平存在很大差异,不同地区的法律保护水平、市场金融环境以及地域发达程度的差异也影响着企业对资源的获取;中国经济的总体不算发达,地区间的金融发展水平呈现较大的差距。由于我国改革开放时期所制定的国家整体经济“先富带后富”的战略,即优先东部沿海经济地区建设,加快长江三角洲和珠江三角洲经济建设和对外开放,因此,这 30 年,东部沿海地区的经济取得了飞速发展,成为我国的经济中心。该地区的迅猛发展也确实对我国经济的整体发展起到了带动作用,实现了我国政府预期目标。然而,同样由于政策性倾斜等原因,该发展模式也造成了我国不同地区经济发展存在严重不平衡的状况,阻碍着我国经济长期的健康发展。目前,根据我国各省市地理位置以及发展情况,我国区域被划分为三块:东部(11 省市)、中部(8 省)以及西部(12 省市)地区。其中东部地区的经济水平要远高于其他地区。尽管我国政府已经在逐渐将经济发展的重心逐步向我国的中西部转移,制定了西部大开发战略、中部崛起战略、振兴东北老工业基地等战略。但目前无论是企业数量还是企业效益,各地区都显示出了很大的差异性。这些差异产生的主要原因之一在于交易成本的不同。东部地区交易成本要明显低于中西部地区的交易成本,因此涌现了大批中小企业,并且由东部上市公司总量与增量可以看出要明显高于其他区域,而西部则落后于其他区域。中国经济相对落后的地区基本上都是体制改革最慢的地区，企业家创业制度环境最为恶劣的地区。赵世勇和香伶（2010）研究发现，我国江浙等沿海地区的政府更多的是倾向于服务企业，而那些民营经济欠发达地区的政府，其机会主义以及寻租行为更为严重。Zhang（2006）利用我国 1993 年和 2000 年 2 000多个县级地区的数据发现，我国内陆地区比沿海地区的人均行政管理费用高出近 30%。世界银行（World Bank，2006）亦报告发现，我国中西部地区的企业所缴纳税费占销售额的比重、接待政府官员的费用占销售额的比重以及年均与政府打交道的费用均明显高于东部地区。

由于我国地域辽阔，各地区的社会文化因素差异较大，导致我国各地区间社会资本水平存在很大差异，不同地区的法律保护水平、市场金融环境以及地域发达程度的差异也影响着企业对资源的获取。东部地区由于最早接触到西方商品经济和市场经济，形成了以强烈商业意识为核心内容的广泛的社会资本。在中国，企业的政治关联程度与其所处的区域环境存在较大影响，东部地区是市场经济发达地区，其政治关联度较低，中西部地区企业的政治关联度较高。同时，东部地区中小企业集聚网络的发展水平明显高于中部和西部地区，东部地区有一大批中小企业在特定的区域集聚，企业集群内部有大量的中小企业、商业协会、专业协会等机构形成的错综复杂的社会网络。我们深度调研过程中也发现，很多企业家表示其企业地处偏远地区，制度环境明显比发达地区弱，由于地缘问题，专业人才相对少，吸引人才很难，行业协会和商业协会发展相对较慢，诸如 A 公司下一步准备与北京、上海、广州等大城市的研究机构合作建立研究基地，公司将从此地转到发达城市发展。

基于上述分析，提出以下假设：

H13a：企业位于东部地区，其政治关联对中小企业绩效的影响小于其他地区；

H13b：企业位于东部地区，商业协会关系对中企业绩效的影响大于其他地区；

H13c：企业位于东部地区，技术协会关系对中企业绩效的影响大于其他地区。

同时，自 2012 年党的十八大胜利召开以来，中央的政策导向，发生很大改变，中国经济转型的制度瓶颈正在逐步破除。市场化进程是制度环境非常重要的因素，市场化进程能够很好地反映出政府和市场的关系，市场化进程高意味着政府对市场干预的减少，以及企业对政府的依赖减少。但在市场化进程较低的地区，政府对企业的行政干预通常更为严重，企业发展所需要的稀缺资源必须更多地依赖于地方政府的扶持。而在市场化进程中最主要的原因就是交易成本，因为完善的市场化进程会压缩交易成本，而交易成本的高低决定着经济组织的效率,同时也决定了其对整体经济的贡献。交易成本也称为经济运行的成本,交易成本制约着中小企业成长。按照交易对象进行划分,中小企业交易成本主要划分为三个方面:中小企业与政府的交易成本,中小企业与金融机构的交易成本,以及与其他企业的交易成本。这三个方面是最主要的交易成本,影响着中小企业的生存和发展。诸如,中小企业在成立之时需要向政府缴纳各种注册费用、各种验收手续;运行过程中面临各种检查费用以及或多或少的隐性成本。此外,政府的机会主义有可能会给企业带来伤害。由于中小企业财务状况差、规模小、抵御风险性低、相对信用不高,致使中小企业很难从正规的金融机构获取融资支持,因此,我国大多数中小企业都面临着较高的交易成本。中国改革开放的30年中,尽管取得了非常显著的变化,但有很多方面还不健全,特别是中国的信用体制不完善,任何一方的机会主义行为都会增加较高的监督成本和风险的损失。中小企业可能就是因为较高的交易成本预期而裹足不前,也可能因为交易风险而遭受破产,交易成本决定了中小企业的空间分布和历史轨迹。Allen 等(2005,2007)总结出中国经济之所以在制度环境不完善的条件下取得高速的增长,关键在于存在着与制度环境相替代的机制,从而能够在目前的阶段起到产权保护和投资、降低交易成本的作用。地区政府对市场的影响越大,政府官员影响资源配置的能力越大,地方政府越会更多地干预地方经济,拥有政治关联的中小企业越能够利用政治关联来获取信息、信贷和补贴等政府的稀缺资源;我国大部分商业协会和技术行业协会是每次政府改革中由中央部门转变而来或者由政府部门组建的,因此都带有很强的政治色彩,尤其在市场化进程较低、政府与市场紧密的地区,商业协会和技术协会的政治色彩越明显,因此企业家可以通过商业协会关系和技术协会关系这种途径来获取政府的稀缺资源。基于上述分析,本书提出以下假设:

H14a:市场化进程较低的地区,政治关联对中小企业绩效的影响越大;

H14b:市场化进程较低的地区,商业协会关系对中小企业绩效影响越大;

H14c:市场化进程较低的地区,技术协会关系对中小企业绩效影响越大。

4.6 整体概念模型的提出

构建这个模型的基本思路如下:首先,在没有考虑企业运行制度环境差异的情况下,研究企业家社会资本与中小企业绩效的直接关系,这种关系体现在长期和短期绩效两个方面;其次,从企业内部考虑,创新资源投入能力对中小企业研究开发能力的影响,以及企业家社会资本如何影响技术创新能力(创新资源投入能力和研究开发能力），进而又影响到中小企业绩效；最后，从区域环境和市场化进程双重视角，研究制度环境对企业家社会资本与企业绩效关系间的调节作用。

至此，本书根据资源－能力－绩效的分析框架，融入了制度环境的视角，建立了企业家社会资本与中小企业绩效的多层次的研究体系，整体概念模型如图 4.1 所示。

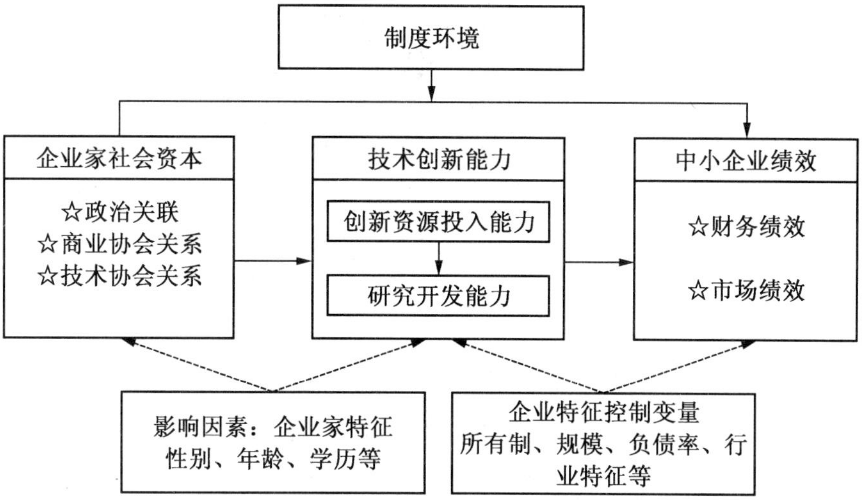

图 4.1　整体概念模型

4.7　本 章 小 结

本章在已有理论和探索性研究的基础上，通过资源观和制度环境的视角，对相关变量间的内在逻辑关系进行分析，并提出了构建企业家社会资本对中小企业绩效的影响模型，本书演绎出的相关变量间的内在逻辑关系，也为后面的实证分析进行了理论铺垫。本章通过逻辑分析，共提出了 32 条假设。具体来说，本章研究假设 1 到假设 3 主要探究了企业家社会资本对中小企业绩效的影响机理；假设 4a 到假设 6c 研究企业家社会资本对技术创新能力影响机理；假设 7a 到假设 9 研究技术创新能力对中小企业绩效影响机理；假设 10a 到假设 12c 厘清了在“企业家社会资本－中小企业绩效”关系中技术创新能力的中介作用；假设 13a 到假设 14c 将企业家社会资本置于制度环境中，提出区域环境特征以及各省政府与市场关系对于“企业家社会资本－中小企业绩效”的影响。

第5章　实证研究设计

5.1　研究样本与数据收集

5.1.1　研究样本与数据来源

在进行大规模的样本数据收集前,通过对相关的专家学者以及企业家的走访调研,深入了解了在我国全面深化改革背景下,企业家社会资本对企业发展影响的基本情况,加深了对研究思路的形式和研究框架的内容理解,并对所需获得的数据可行性进行了相应了解。对于企业家社会资本数据的获取方式,走访的几位企业家以及国内诸多专家学者的建议是可以通过公开数据进行研究。正如他们这样说道:

"企业家的社会资本有些像企业的隐私,很多东西是秘而不宣的,一般情况下是很难透露的。"

"企业家和政府这个敏感了,很多时候企业不会告诉你们,但你们可以发现在企业的网站上经常有报道,企业家是否参加人大、政协会议,是否受到领导者接见,在什么时期有领导莅临单位考察等,这些可以表明企业家的一些政治关系,企业家都经常参加一些商业活动,企业会报道一些新闻事件。"

"特别在大数据时代,企业家的政治身份、社会交往活动都可以在网上查到,这些数据有可能间接表明他们的社会资本,大数据挖掘可以反映出企业家社会资本的某些特征。"

基于此,对本次研究的数据,作者决定采用二手数据进行分析。本书选择的样本是2007~2012年间深圳证券交易所中小企业板上市公司的相关数据,相关数据主要来源于CSMAR和RESSET中小企业板上市公司数据库;深圳证券交易所上市公司信息,中小企业板上市公司财经类网站以及专利查询网站,CNKI报纸及百度等搜索引擎。

本书之所以选用中小企业板上市公司作为中小企业的样本数据,主要出于以下几方面原因:首先,企业家社会资本的研究具有一定的传承性,在对企业家社会资本的研究中,国内外的相关研究很多也都采用第三方的数据进行研究。诸如 Fu 和 Hsung(2001)就把位置生成法从职业延伸到社会中权威、工作单位、阶级或部门;Erickson(2004)基于定位法的思想进行了改进,它不仅用来测量职业,而且把拥有不同数量或种类资源的人进行分类汇总;Lin(2008)后来也认为,定位法用职业量表,但不一定局限于用此量表;陈爽英等(2010)利用定位法将企业家社会资本划分为政治关系资本、协会关系资本以及银行关系资本三个维度进行测量;梁强等(2011)亦采用定位法对企业高管进行编码,获取企业家的商业协会关系以及专业协会关系。其次,实证研究的对象是中小企业,而中小企业板块是我国为了鼓励自主创新,专门设置的中小型公司聚集的板块,中小企业板上市公司代表了中小企业先进典型,代表中国中小企业未来的希望,也非常契合本书的研究目的。第三,财政部于 2006 年 2 月 25 日发布了新会计准则,并规定自 2007 年 1 月 1 日起在上市公司范围内施行。新会计准则规定,企业内部研究项目开发阶段的支出,满足一定的条件可以确认为无形资产。本书的重点内容之一就是企业家社会资本对企业研究投入能力的影响,为了使研究相对真实可靠,避免数据的偏差,提高其可信度,本书选用样本数据的时间节点是 2007 ~2012年,中小企业板上市公开数据研究的高管对象分别是作为企业"一把手"的董事长和总经理。第四,中小企业板上市公司推出不过 10 年时间,对其研究也不是很多,并且大多数中小企业板上市公司具有创新能力,上市公司企业家的基本情况、任职经历,我们都可以进行数据挖掘,本书的研究在一定程度上弥补了这一空白。

5.1.2　数据收集过程

本书的数据观察期从 2007 年起,取 2007 ~2012 年 6 个年份为观察年份,从 2012 年 10 月份开始收集相关数据,到 2013 年的 6 月份搜集与处理数据,共持续了 8 个月,研究团队包括 2 名硕士研究生和多名本科生。数据来源包括 CSMAR 国泰安数据库和锐思数据库,新浪财经、搜狐财经等财经类网站,百度搜索引擎以及中国专利查询网、SOOPAT 网、佰腾网等专利网站。数据收集的具体过程包括以下三个阶段:

第一阶段,样本范围的初步确定。

出于研究需要,对候选样本进行筛选剔除:(1)由于金融保险行业的资产结构、资本结构、经营特点等与其他行业显著不同,将金融行业予以剔除;(2)剔除 ST 公司;(3)剔除上市不到一年公司的数据。通过深圳证券交易所上市公司信息网站下载每家公司年报,并对每家企业进行归档,建立中小企业板上市公司年报数据库,以便统一查找数据。下载 CSMAR 国泰安数据库和锐思数据库中小企业板上市公司相关数据库。根据中国证监会行业分类 2001 年分类标准,样本一共分为 21 类,其中将上市公司中大部分属于制造业的分为二级门类,具体包括:(1)食品和饮料;(2)纺织、服装、皮毛;(3)木材和家具;(4)造纸和印刷;(5)石油、化学、塑胶、塑料;(6)电子;(7)金属和非金属;(8)机械、设备、仪表;(9)医药和生物制品;(10)其他制造业。其他类为一级门类,包括:(1)农、林、牧、渔业;(2)采掘业;(3)电力、煤气、水;(4)建筑业;(5)交通运输、仓储业;(6)信息技术业;(7)批发和零售贸易;(8)房地产业;(9)社会服务业;(10)传播与文化产业;(11)综合类。

截至2012年12月31日,深圳证券交易所共有702家中小企业板上市公司,筛选删除之后,共收集整理有效样本数据为2 626家。

第二阶段,企业家社会资本相关数据的收集编码。

对于企业家社会资本的相关数据通过两种形式进行确认,首先是对下载的CSMAR国泰安数据库和锐思数据库中小企业板上市公司数据库中企业家(董事长和总经理)的个人信息,利用Excel宏命令进行数据筛选,并按照面板数据的形式建立企业家人口特征(性别、年龄、学历)以及社会资本变量(政治关联、商业协会及行业协会关系)数据文档;其次是通过人工方法把企业家(董事长和总经理)的姓名通过百度搜索引擎进行搜索,下载企业家个人相关信息,并建立文档数据库,利用人工收集校对,整理企业家人口特征以及社会资本变量信息。经过收集、整理,共编码成2 626个样本企业家人口特征、社会资本变量编码。

第三阶段,技术创新能力、制度环境、企业绩效以及其他基本数据的收集。

(1)中小企业技术创新能力。大部分上市公司的财务报告中对研发费用没有固定要求,因此研发投入费用需要利用上市公司年报,通过手工查找相关关键词(诸如研发投入、研发费用、技术开发费用、科研费、咨询及技术开发费等字眼均被作为研发支出等);关于企业研发人员情况信息亦没有科目,亦通过数据库下载中小企业员工人数情况表,利用Excel宏命令对备注信息中含有研究人员、技术人员、设计及工艺人员以及员工总数进行筛选,确定技术人员数量和员工总数,并通过人工进行校对、整理;关于企业专利信息,年报中没有固定的要求,因此,需要利用中国专利查询网、SOOPAT网、佰腾网等专利网站收集并整理2004~2012年企业每年的专利申请数、授权数(发明、实用新型和外观设计数量)。

(2)制度环境。本书主要依据樊纲、王小鲁和朱恒鹏(2011)《中国市场化指数》一书,书中介绍的我国各地区市场化进程的总得分依据的是以下五个方面指标:政府与市场的关系、非国有经济的发展、产品市场的发育程度、要素市场的发育程度及市场中介发育和法律制度环境,并利用五个方面指标数据综合得出各省级行政区域的市场化进程总得分。数据涵盖1997~2009年全国各地区的市场化总得分。本书通过市场化进程总得分的数据考察各地区制度环境,将各上市公司的注册所在地的市场化进程当年的总得分视为其制度环境的变量。

在企业家社会资本的最终经济绩效衡量方面,本书主要依据CSMAR国泰安数据中心和Wind数据库中上市公司研究系列子数据库中的财务信息进行数据收集。公司的财务数据及其他数据均来自于CSMAR国泰安数据库和锐思数据库。

通过对二手数据的统计分析和编码处理,本书建立了“中小企业板上市公司企业相关的数据平台”。此数据平台包括:企业的基本信息、企业家人口统计指标、企业家社会资本基本情况、企业技术创新能力信息、公司财务状况和业务数据等。这个数据平台对本书研究企业家社会资本情况的刻画具有一定的帮助,是进行实证检验的数据基础。

5.2 变量操作性定义与测度

5.2.1 自变量及其测度

在我国企业经营过程中,董事长的作用最大,一般情况下,在我国大多数企业中,董事长担任公司的法人代表,并兼任党委书记。《民法通则》第三十八条中明确规定,法人代表即是公司的负责人;《公司法》又明确规定董事会负责制定生产经营决策,并有权“聘任和解聘公司的总经理”,董事长有权召集和主持董事会会议,检查董事会决议实施情况。事实上,我国部分公司的董事长往往“亲自”负责公司的具体经营管理,成为公司的“一把手”,甚至一言堂。这与美国公司治理结构是明显不同的,美国CEO负责公司的具体经营管理活动,并在一定程度上行使公司的权力并代表公司对外签约,可以提名董事会成员,而很多权力在我国是集中在董事长一人身上的。我国公司的经理层主要是经营决策和执行机构,总经理在经理层可以视为班长角色,主要负责日常的行政和董事会决策的执行,因此我们研究企业家的对象主要是公司的最终控制人。

1. **政治关联(POL)**

不同学者关注问题的角度不同以及制度背景存在差异,因此其在研究政治关联的时候并没有一致的定义和度量方法(马晓维等,2010)。国外学者度量政治关联的主要方法是,只要公司的大股东、高管(包括CEO、董事长、副董事长和董事会秘书)或董事会成员与某位高官以及政党有紧密联系就都认为是有政治关联(Claessens等,2008;Faccio,2010);某些学者以公司是否提供捐赠、捐赠金额的多少与捐款比例等度量政治关联(Goldman等,2006);也有些研究以国有股比例作为政治关联的度量标准(Adhikari等,2006)。国内学者对政治关联研究常以企业家是不是人大代表或者政协委员来度量,并用各级人大、政协的级次来衡量政治关联的程度(李维安和徐业坤,2012;邓建平和曾勇,2009;邓新明,2011);此外,还有一些学者也开始用企业的公益捐献来衡量政治关联(薛爽和肖星,2011;贾明和张喆,2010)。借鉴 Claessens 等(2008),Faccio (2010),李维安和徐业坤(2012),张建君(2013)等人的做法,我们分别测量企业家前置的政府联系和后致的政治地位。前置的政府联系是以董事长或总经理在担任现职务之前是否有政府部门工作经历来测量。在民营企业里,这种工作经历通常是在董事长或总经理到公司任职之前(大多数情况下,董事长就是建立企业的主要创始人);而在国有企业里,董事长(总经理)的政府工作经历可能是他们职业生涯的一个连续的部分,他们可能以前是政府官员,或者以后仍然可能成为政府官员。后致的政治地位是指董事长(总经理)是人大代表或者政协委员。两会是中国目前的政治安排下政府向商业领袖(尤其是民营企业家)开放的最重要的政治组织。只要董事长或总经理具有前置的政府联系或后致的政治地位都被视为具有政治社会资本(是为1,否为0),同时,借鉴刘圻和杨德伟(2012)等人的观点,我们进一步按照实际控制人,董事长或总经理社会关系的强弱程度进行赋值,具体赋值标准为:没有政治关联的取0,如果是县人大代表、政协委员或科局级官员赋值为1,是市人大代表、政协委员或县处级官员赋值为2,是省人大代表、政协委员或地厅级官员赋值为3,是全国人大代表、全国政协委员或省部级及以上高官赋值为4。

2. 商业协会关系(BAN)

对于那些没有政治头衔的企业家,他们可能通过参与商业协会来维护其自身利益(高勇强等,2012)。在当前,我国最具代表性和权威性的商业联盟主要是工商业联合会 (比如全国和地方工商联),这种商会主要作为相应级别的政治协商部门而存在,具有半官方性质,协会负责人一般经由政府部门任命,政治关联度较高(梁强等,2011);另外一种广泛探讨的商业协会是民间组织自发形成的行业协会,诸如某些来自同一地域的企业建立起了商会、同乡会之类的组织,是政府部门批准成立但具有较高自主性的民间商会组织,随着改革的深化和民营经济的不断发展壮大,民间商会组织发挥着日益重要的作用(刘文智,2009)。商会和行业协会都属于具有中介性质的经济社团组织。行业协会和商会为会员提供的服务和内部职能基本相同。但是商会所提供的信息咨询一般是综合的,而行业协会提供的信息一般是与本行业密切相关的。

商业协会关系是指企业家现是担任各种企业家联合会和商会等组织成员(如工商联合会、民间商会),是取1,否则为0;同时,对企业家的商业协会的强弱程度进行赋值,具体赋值标准为:没有商业协会经历的取0,县、区级赋值为1,市级商会赋值为2,省级商会赋值为3,国家级商会赋值为4。

3. 技术协会关系(TAN)

作为一种专业型的社会组织,专业协会规定了组织成员资格、研究领域方向、技术发展路径和协会成员之间的行为规范（梁强等，2011）。行业协会类似于布尔迪厄所说的体制化的关系网络，它作为一种集体性资本为每个加入其中的成员提供支持，为每个成员带来利润，因而行业协会也可以作为一种社会资本形式。行业协会大部分依然与政府有紧密的联系（Deng 和 Kennedy，2010），大多具有健全的信息渠道，能够为会员企业提供包括市场、技术、社会和政治情报等信息（张仁峰，2005），企业高层管理人员加入专业协会，能够帮助企业从全球竞争角度制定和实施产品竞争战略，调整产品结构，实施产品差别化战略，从而提升产品附加值，避免企业在低附加值的产品中进行过度竞争（余晖，2002）；能够通过提供近期市场信息，帮助企业掌握该领域行业内最新的专业技术发展趋势和信息，以及各种有用的技术资源，这些信息资源能够提高会员企业快速适应迅速发展市场的变化；同时，通过专业协会组织获取该领域技术专家的认可，获取技术合法性，并有机会参与该行业的技术标准的建立（梁强等，2011），有利于企业获取创新资源技术的先行优势，从而为企业形成"隐形的保护壁垒"（Amara 等，2008）。

企业家在技术协会任职是扩展其社会关系网络的渠道之一，进而增加其处事能量，影响其信心。如果企业家现担任各种专业协会（诸如机械、电子技术、化学、纺织、生物和医学等）组织成员、理事、理事长或专家委员会成员，则认为该企业家具有行业协会关系，取值为1，否则为0；同时根据企业家技术协会的级别分为国家级、省级、市级、县级分别赋值4，3，2，1。

5.2.2　中介变量及其测度

本书研究的重点是技术创新能力作为中介变量是如何影响企业家社会资本与中小企业绩效关系的。然而技术创新能力的构成有多种分类，范畴包括创新资源的投入能力、研究开发能力、制造能力、营销能力。考虑到中介变量数据可行性及可得性原则，本书从创新投入、技术创新产出两个方面进行研究。创新投入能力主要包括研发费用支出、研发人员投入等表示创新投入能力的指标；研究开发能力包括工艺创新和产品创新两种形式，本书研究开发能力的衡量指标是专利的申请数量。

1. 创新资源的投入指标设计与测度（Innovation Input）

创新资源的投入指标分为绝对值和相对值，R&D 费用投入与科技人力资本指标均采用相对指标。

R&D 费用投入强度（RDI）：R&D 支出相对值包括研发支出与总资产之比、与主营业务收入之比或企业人均研发支出等。本书用研发强度（RDI）衡量企业研发投资状况，研发强度用研发支出与营业收入的比值来表示：

R&D 费用投入强度（RDI）= R&D 经费/销售收入 × 100%

科技人力资本投入（TECP）：科技活动人员是指直接从事（或参与）科技活

动的人员，包括在企业中从事科技活动的研究人员、工程技术人员、技术工人。因此，本书研究的科技人员数包括 R&D 人员数以及专业技术人员数，并利用相对值进行表示：

科技人力资本投入(TECP) = 科技人数/企业员工总人数 × 100%

2. **研究开发能力指标设计与测度**(Technology Innovation Output)

技术创新产出主要包括新产品的数量、新产品的销售额以及专利的数量等表示产出的指标。本书研究的主要目的在于揭示中小企业对于专利的认知和重视情况，因此专利可以很好地反映出创新活动效果(Akcomak 和 Ter Weel, 2009)。专利申请过程反映了公司的信念，它表明公司已经开始参与并研究创新。专利授权在中国一般需要 3 年时间，用之衡量创新效率存在着一定的滞后性，本书也遵循前人研究方法，用专利申请数作为衡量创新效率的标准。因此，本书专利申请数量是一个很好的研究开发能力的指标。

根据我国专利法规定，专利分为三种：发明、实用新型和外观设计。发明专利是指产品、方法或针对其改进所提出的新技术的构想和方案，发明专利的审查比较严格，其权利也比较稳定，保护的时间长；实用新型是指对产品的形状、构造或两者相结合所提出的一种实用的新的技术方案；外观设计是指对产品的外观形状、图案或者色彩、形状、图案相结合所做出的富有美感的新设计。从其定义可以看出，实际发明的技术含量最高，实用新型和外观设计的技术含量相对较低。由于专利申请数量离散程度较大，同时有些企业没有专利数，因此我们设定对数，即

$$\text{Innovation} = \text{Ln}(\text{patents} + 1)$$

其中，patents 包含发明专利(Invention)、实用新型(Utility)和外观设计(Appearance)三个指标。

5.2.3 因变量及其测度

在之前学者们所做的实证研究中，衡量企业绩效的指标有很多。本书将从企业的短期盈利能力和长期成长能力两个方向来衡量中小企业绩效。

1. **短期盈利能力**

本书采用大多数学者使用的变量指标总资产回报率(ROA)来测量企业短期盈利能力，因为这个指标比较全面，涵盖了生产、销售效率、盈利能力和财务杠杆效率。

总资产收益率(ROA) = 企业的税后净利润/总资产

2. **成长能力**

对于企业长期的成长能力，本书用市场绩效法中的托宾 Q 值作为衡量中小

企业成长性绩效的指标。

著名经济学家托宾(J. Tobin)1969 年提出了托宾 Q 值,用来衡量公司市场价值是否大于公司的账面价值。如果托宾 Q 值大于 1,说明公司的市场价值大于其账面价值(重置成本),那么就说明企业的经营绩效好,得到了股东的支持。反之,如果托宾 Q 值小于 1,那就说明公司的股票是不被投资者认可的。计算公式为:

$$\text{Tobin's Q} = (\text{股权价值} + \text{负债账面价值}) / \text{总资产}$$

因为托宾 Q 值具有很好的前瞻性和预测性,在研究企业创新绩效问题时,也能很好地反映企业创新活动对企业绩效的长期影响作用,另外,根据托宾 Q 值的计算公式可以看出,其对公司的行业分布变化能够做出很快的反应,这样更能方便对企业的创新问题进行分行业研究。

5.2.4 调节变量及其测度

制度环境差异会导致企业经济特征和行为的不同(LaPorta 等,1998,2000a,2000b)。制度环境如何影响公司行为成为公司治理研究的基础(Willianmson,2000;夏立军、陈信元,2007; LaPorta 等,2000b)。我国正处于经济转型期,制度环境对于企业的发展显得更为重要。因此,在本书研究中加入制度环境这一调节变量。对于企业制度环境本书用区域特征、制度环境两个变量来衡量。

其一,我国各地的政治经济发展水平存在较大的不平衡性,在较为发达的东部地区,其市场化进程较为完善,市场的交易制度成本相对较低;而中西部地区的中小企业由于信息不对称,企业彼此的选择与技术合作也存在更多困难。为了验证区域制度环境的调节作用,按照公司注册地址的标准把公司的地域特征分为东部、中部和西部三个区域。定义三个虚拟变量 Eastit,Centerit ,Westit,如果公司注册地址位于东部,则 Eastit 取 1,否则为 0;公司注册地址位于中部,则 Centerit 取 1,否则为 0;公司注册地址位于西部,则 Westit 取 1,否则为 0。其中东部地区包括北京、天津、河北、辽宁、上海、江苏、浙江、广东、福建、山东、海南共 11 个省市,中部地区包括山西、黑龙江、吉林、安徽、江西、河南、湖南、湖北共 9 个省市, 西部地区包括内蒙古、广西、四川、重庆、贵州、云南、西藏、陕西、甘肃、青海、宁夏、新疆共 10 个省市。

其二,企业家的政治关联、商业协会以及技术协会关系都可能受到当地市场化进程影响。政府与市场关系的数值越大表明当地政府对市场的干预性越小,制度环境越好;这个变量在樊纲、王小鲁(2011)编制的中国市场化指数报告中得以体现,因此,本书利用樊刚等人的研究成果。其中政府与市场关系(Environment)由市场分配经济资源比重、减轻税费负担、减少政府对企业干预、减少企业对外税费负担以及缩小政府规模五个指标组成,政府与市场关系是各项指标综合得分而来,然而在樊纲等人的研究中数据缺少 2010 ~2012 年相关的市场化进程数据,为了分析应用,本书采用指数平滑方法计算。指数平滑法是通过导入平滑系数对本期的实际数和本期的预测数进行加权平均计算后作为下期预测数的一种方法。通过指数平滑法近似代替2010～2012年各地区的市场化进程数据。

5.2.5 控制变量及其测度

为了确保研究的规范性和准确性，本书对一些可能影响本书假设的关键变量进行了控制。对于控制变量的选取主要考虑以下几个因素：(1)企业的成长离不开其自身特征变量；(2)企业技术创新能力可能会受到企业家个人特征的影响。

1. 企业特征变量

公司规模(Firm Size)：是指企业采用本年度总资产的自然对数进行度量。

资产负债率以企业的总资产负债率（Leverage）进行衡量，即企业的总负债除以总资产。

公司年限(Firm Age)以企业注册年份为起始年计算到截止研究样本设定时间的持续年数。

企业性质(Government)：由于中国特殊的行政治理制度背景，政府具有国民经济管理者与国有企业股东的双重身份，容易造成国有企业在经济型治理的外壳下转而实施行政型治理或某种变形(李维安等，2010)，国有企业可以得到政府保护，而由于过去长期的政治和意识形态上的歧视等原因，民营企业生存和发展在很大程度上受到政治因素及其与当地政府关系的影响(罗党论和黄琼宇，2009)。本书将企业性质纳入控制变量中，将我国中小企业板上市公司的企业性质（Government）是国有企业界定为1，否界定为0。数据来源于国泰安数据库和Wind数据库，根据各公司的控股股东进行编码。

创新资源投入能力对研究开发能力的影响，有可能受到企业员工人数、销售额的影响，因此，本书中加入这两个控制变量。此外，有些行业本身就具有高科技属性，体现为产品的更新换代较快，企业为了生存和发展，必须加大技术创新的投入力度。有些行业属于传统行业，创新的动力要弱些，因此，我们在模型中加入了控制行业的虚拟变量Industry(i. e. ，K＝20)。

2. 企业家个人特征变量

影响企业技术创新的因素有可能会受到企业家个人特征的影响，为此我们引入企业家特征变量。通过数据库下载高管(董事长或总经理)个人信息，并从中筛选相关的人口学特征，并进行编码。

性别：其中性别男取1，女取0。

年龄：年龄为当年年份减去企业家对应的出生年份。

教育学历：教育水平分为5个阶段，学历博士取5，硕士取4，本科取3，大专取2,高中及以下取1。

由于我国宏观经济的变动以及各项制度不断变化,因此年度也会对中小企业的技术创新行为产生影响,根据样本数据设定虚拟年度变量 Year(i. e. ,I =5) 进行控制。

5.3 数量模型设计

首先,研究企业家社会资本(Social Capital)对中小企业绩效的影响作用,设计如下多元回归分析模型:

$$Firmperformance_{it} = \alpha + \beta_1 Scap_{it} + \beta_2 Lev_{it} + \beta_3 Growth_{it} + \beta_4 Firmsize_{it} + \beta_5 Firmage + \sum_{1}^{I} \delta_i Year_{it} + \sum_{1}^{K} \gamma_k Industry_{kt} + \varepsilon_{it} \quad (5.1)$$

该模型主要考察企业家社会资本的政治关联(POL)、商业协会关系(BAN)以及技术协会关系(TAN)对公司绩效的影响,由于政治关联、商业协会关系以及技术协会关系三者具有显著的正向关系,为了避免多重共线性问题,将三个变量分别代入模型中。另外影响中小企业绩效的因素比较复杂,为此我们引入一组变量:资产负债率以企业的总资产负债率 (Lev) 进行衡量,即企业的总负债除以总资产;销售增长率(Growth)是指企业本年销售增长额与上年销售额之间的比率,反映销售的增减变动情况,是评价企业成长状况和发展能力的重要指标;公司规模(Firm Size)采用本年度总资产的自然对数进行度量;公司年限(Firm Age)以企业注册年份为起始年计算截止到研究样本设定时间的持续年数。此外,我们在模型中加入了控制行业的虚拟变量(i. e. ,K =20)和年度变量(i. e. ,I =5) 。我们期望满足假设,即企业家的政治关联、商业协会关系以及行业协会关系对中小企业绩效具有显著正影响(H1,H2,H3)。

其次,研究企业家社会资本(Social Capital)对中小企业技术创新能力(Innovation Capacity)的影响作用,设计如下多元回归分析模型:

$$Innovation_{it} = \alpha + \beta_1 SCap_{it} + \beta_2 Degree_{it} + \beta_3 Gender_{it} + \beta_4 Age_{it} + \beta_5 Firmsize_{it} + \sum_{1}^{I} \delta_i Year_{it} + \sum_{1}^{K} \gamma_k Industry_{kt} + \varepsilon_{it} \quad (5.2)$$

该模型研究的技术创新能力包括:创新资源的投入能力(Innovation Invest Capcity)和研究开发能力(R&D Ability)。其中创新资源的投入能力主要研究科技人力资本投入强度(Tecp)和研究开发经费投入强度(RDI);研究开发能力主要研究专利的申请数量(Patent)。此外我们引入一组变量:Degree 指企业家的学历情况,Age 是企业家的年龄,公司规模(Firm Size)采用本年度总资产的自然对数进行度量;我们在模型中也加入了控制行业的虚拟变量(i. e. ,K = 20)和年度变量(i. e. ,I = 5)。我们期望通过上述模型能够验证企业家社会资本对技术创新能力具有显著的正向影响,即政治关联对技术创新能力(RDI, Tecp, Patents)有正向影响(H4a, H4b, H4c);商业协会关系对技术创新能力(RDI, Tecp, Patents)有正向影响(H5a, H5b, H5c);技术协会关系对技术创新能力(RDI, Tecp, Patents)有正向影响(H6a, H6b, H6c)。

为了验证创新资源投入能力对研发开发能力的影响,构建模型如下:

$$Innovation_{it} = \alpha + \beta_1 RDI_{it} + \beta_2 Tecp_{it} + \beta_3 Ln\_staff_{it} + \beta_4 Ln\_Sales_{it} + \sum_{1}^{I} \delta_i Year_{it} + \sum_{1}^{K} \gamma_k Industry_{kt} + \varepsilon_{it} \tag{5.3}$$

我们使用专利申请数据代表创新($Innovation_{it}$),因为专利可以很好地反映出创新活动效果(Akcomak 和 Ter Weel, 2009)。RDI_{it}是企业研发费用除以营业总收入,$Tecp_{it}$是科技人员数占公司总人数之比。从资源基础理论的角度来看,我们预计变量、研发费用投入强度和科技人力资本投入强度与研究开发能力具有正向影响(H7a, H7b)。

为了验证技术创新能力对中小企业绩效的影响,构建模型如下:

$$Firmperformance_{it} = \alpha + \beta_1 RDI_{it} + \beta_1 Tecp_{it} + \beta_1 Innovation_{it} + \beta_2 Growth_{it} + \beta_3 Firmsize_{it} + \beta_4 Firmage_{it} + \beta_5 Lev_{it} + \sum_{1}^{I} \delta_i Year_{it} + \sum_{1}^{K} \gamma_k Industry_{kt} + \varepsilon_{it} \tag{5.4}$$

其中,*Firm performance* 由 Tobin's Q 和 ROA 表示,技术创新能力包括技术创新资源的投入能力(Tecp, RDI)和研究开发能力(Innovation_{it})。创新资源的投入能力主要研究科技人力资本投入强度(Tecp)和研究开发经费投入强度(RDI);研究开发能力主要研究发明专利的申请数量(Patents)。其中 Patent 包含发明专利、实用新型和外观设计三种专利形式。我们期望研究开发经费投入强度和科技人力资本投入强度对中小企业绩效具有显著的正向影响(H8a, H8b);研发发展能力对中小企业绩效有正向影响(H9)。

借鉴温忠麟验证中介作用的步骤,并结合上述模型分析,设定如下模型验证技术创新能力的中介作用:

$$Firmperformance_{it} = \alpha + \beta_1 Scap_{it} + \beta_2 Innovation_{it} + \beta_3 Growth_{it} + \beta_4 Firmsize_{it} + \beta_5 Firmage_{it} + \beta_6 Lev_{it} + \sum_{1}^{I} \delta_i Year_{it} + \sum_{1}^{K} \gamma_k Industry_{kt} + \varepsilon_{it} \tag{5.5}$$

其中,*Firm performance* 由 Tobin's Q 和 ROA 表示,为了分析技术创新能力的

不同能力的中介作用，因此在本模型中分别将技术创新资源的投入能力（Tecp，RDI）和研究开发能力（$Innovation_{it}$）代入模型进行分析。

为了验证制度环境的调节作用，我们通过两个模型进行分析，一个是利用模型（5.1）对区域制度环境进行分组验证，另一个需要研究市场化进程对企业家社会资本与中小企业绩效的调节作用，并设计模型如下：

$$Firmperformance_{it} = \alpha + \beta_1 Scap_{it} + \beta_1 Environment_{it} + \beta_1 Scap * Environment_{it} + \beta_2 Lev_{it} + \beta_3 Growth_{it} + \beta_4 Firmsize_{it} + \beta_5 Firmage + \sum_{1}^{I} \delta_i Year_{it} + \sum_{1}^{K} \gamma_k Industry_{kt} + \varepsilon_{it} \quad (5.6)$$

其中，Tobin's Q 表示企业的成长性；RDINV 表示研发投入，包括科技人力资本投入（Tecp）和 R&D 费用投入能力（RDI）。

表 5.1　变量定义

变量类型	变量符号	含义	变量取值方法及说明
因变量	Tobin's Q	托宾 Q	（总市值 + 负债的账面价值）/总资产
	ROA	总资产报酬率	企业的税后净利润/总资产
自变量	POL	政治关联	企业家是否任职于中央或者地方政府相关部门、人大代表、政协委员和政府聘任专家
	BAN	商业协会关系	企业家是否担任各种企业协会、企业家联合会和商会等组织成员、理事或者理事长（如工商联合会和民营企业家商会等）
	TAN	技术协会关系	企业家是否任职于各种专业协会和专家委员会，如电子技术、法律、化学、纺织、生物和医学等具体学科
中介变量	RDI	研发投入强度	研发费用/营业总收入
	Tecp	科技人力资本投入	科技人数/企业员工总人数
	Innovation	专利申请数量	Innovation = Ln（patents + 1） 其中，Patents 由发明专利（Invention）、实用新型（Utility）和外观设计（Appearance）三个指标构成

续表 5.1

变量类型	变量符号	含义	变量取值方法及说明
调节变量	Adress	地区变量	定义三个虚拟变量 Eastit, Centerit ,Westit,如果公司注册地址位于东部,则 Eastit 取 1,否则为 0;公司注册地址位于中部,则 Centerit 取 1,否则为 0;公司注册地址位于西部,则 Westit 取 1,否则为 0
	Environment	政府与市场关系	樊纲等人 2011 年中国市场化指数报告中得以体现
控制变量	Growth	销售增长率	销售增长率 =(本期销售额 - 上期销售额)/上期销售额
	Firm Size	公司规模	总资产的自然对数
	Firm Age	公司成立年限	以企业注册年份为起始年计算到截止研究样本设定时间的持续年数
	Lev	资产负债率	总负债与总资产的比率
	Government	是否为国有企业	是为 1,否为 0
	Gender	企业家性别	男为 1,女为 0
	Age	企业家年龄	Age = 当前年份 - 高管出生年份
	Degree	企业家学历	高中及以下取 1,大专取 2,本科取 3,硕士取 4,博士取 5
	Dummyear	年份	年度变量的数值
	Industry	行业类型	中国证监会的行业分类(CSRC)。其中除制造业划分到次类以外,其他行业划分到门类

5.4 数据分析工具与方法

本书所采用的数据是中小企业板上市公司面板数据,这些面板数据能够较为客观地反映出企业实际情况和问题。对于面板数据的处理,本书以 Stata 软件进行分析,Stata 软件在全球范围内被广泛应用于企业和学术机构中。Stata 的统计功能很强,除了传统的统计分析方法外,还收集了近 20 年发展起来的新方法。Stata 开发至今有很多版本,本书使用 Stata12.0 版本对所涉及的数据进行统计分析。包括:描述性统计分析、分组检验、相关性分析、多元线性回归分析以及中介效应分析等。

1. **描述性统计分析**(Descriptive Analysis)

描述性统计主要是基于样本数据的基本情况进行描述性分析,通过均值、方差、最大值、最小值、四分位数等统计分析研究样本的整体概况、企业绩效情况、企业家社会资本、企业技术创新能力以及在不同的企业性质、所属不同行业、不同区域状态下各主要变量的差异变化。

2. **分组检验**(T test)

本书要对不同变量之间是否有显著差异进行检验,诸如企业家社会资本对企业绩效及技术创新能力是否有显著影响,可以采用均值检验和中位数检验。

(1)均值检验

在检验两组变量均值是否有显著差异的时候,可以利用 Stata12.0 中的 Test 命令进行检验。T 检验是检验两个平均值差异程度的检验方法。它是用 T 分布理论来推断差异发生的概率,从而判定两个平均数的差异是否显著的。

$$\bar{x}_1 - \bar{x}_2 = \mu_1 - \mu_2 + \bar{\varepsilon}_1 - \bar{\varepsilon}_2$$

$$\text{表面差异} = \text{真实差异} + (\text{抽样})\text{误差} \tag{5.7}$$

式(5.7)中判读表面差异主要是由误差造成的还是由真实差异引起的。计算其显著性检验,首先对样本所在的总体做出假设:

原假设:　$H_0:\mu_1 = \mu_2$

备择假设:　$H_0:\mu_1 \neq \mu_2$

在原假设成立的前提下,构建合适的统计数,并研究该统计数的抽样分布及其对应的概率值。

$$t = \frac{\bar{x}_1 - \bar{x}_2}{S_{\bar{x}_1 - \bar{x}_2}} \tag{5.8}$$

式(5.8)中,$S_{\bar{x}_1 - \bar{x}_2}$ 表示均值差异的标准误差,t 是服从于 $df = n_1 - 1 + n_2 - 1$ 的 t 分布。

最后根据小概率事件实际不可能性原理否定或接受无效假设,并做出统计推断。

(2)中位数检验

中位数检验通过对多组独立样本的分析,检验它们来自的总体的中位数是否存在显著差异。其原假设是:选取多个独立样本的多个总体的中位数无显著差异。

基本思想是:如果多个总体的中位数无显著差异,或者说多个总体有共同的中位数,那么这个共同的中位数应在各样本组中均处在中间位置上。于是,每组样本中大于该中位数或小于该中位数的样本数目应大致相同。

3. **相关性分析**(Correlation Analysis)

相关分析研究变量之间是否存在某种依存关系,并探讨这种依存关系的变量的相关方向以及相关程度,是研究随机变量之间相关关系的一种统计方法,用来判断两个变量之间线性关系的强弱程度和方向(刘军,2008)。本书利用相关分析方法考察在企业家社会资本、技术创新能力以及中小企业绩效等变量之间的相关系数。本书采用最常用的积差法分析判断变量间的相关关系和相关程度。

$$r = \frac{\sigma_{xy}^2}{\sigma_x \sigma_y} = \frac{\sum (x - \bar{x})(y - \bar{y})}{\sqrt{\sum (x - \bar{x})^2 (y - \bar{y})^2}} \tag{5.9}$$

通过式(5.9)计算出 r,相关系数的取值范围是: $-1 \leqslant r \leqslant +1$, 正数表示正相关,负数表示负相关。

4. **多元回归分析**(Multiple Regression Analysis)

多元线性回归是研究一个因变量与多个自变量之间线性关系的统计方法,其基本思想是用一个以上自变量的数值估计因变量以及变异性的统计方法,因此是简单回归分析与相关分析的延续和推广。实际上,通过多元统计分析可知一种变量的变化常常是与多个因素相联系的,可通过多个自变量的最优组合共同来预测或估计因变量,这种方法要比只用一个自变量进行预测或估计更有效,更符合实际。因此多元线性回归比简单线性回归的实用意义更大。在本书中,将采用面板数据进行多元回归分析。面板数据回归方程:

$$y_{it} = b_0 + x'_{it} b_i + z'_i r + v_i + \varepsilon_{it} \tag{5.10}$$

其中,y_{it}是因变量;x_{it}是随个体和时间而变的自变量;z'_i是不随时间而变化的个体特征,诸如性别;$v_i + \varepsilon_{it}$构成了干扰项,且 v_i 是不可观测且不随时间而改变的个体特征,ε_{it}是随个体与时间而改变的扰动项,假设 ε_{it}与 v_i 不相关。

将方程(5.10)进行处理,两边取时间平均值可得:

$$\bar{y}_i = b_0 + \bar{x}'_i b_i + z'_i r + v_i + \bar{\varepsilon}_i \tag{5.11}$$

对式(5.11)进行 OLS(普通最小二乘法),就可以得到组间估计量,但是这就要求 v_i 与所有的解释变量都不能相关,否则估计将无效。当个体与解释变量相关的时候,我们称面板数据模型是固定效应模型(Fixed Effect Model)。这时候,OLS 估计就是不一致的,但我们可以进行处理把它变成一致性估计。具体而

言,将式(5.10)-式(5.11),我们得到:

$$y_{it}-\bar{y}_i=(x_{it}-\bar{x}'_i)b_i+\varepsilon_{it}-\bar{\varepsilon}_i \tag{5.12}$$

此时,可以对(5.12)式进行OLS估计,我们把(5.12)称为固定效应估计量。但是固定效应估计量有一个缺点是,对于不随时间而变的变量,我们不能得到其系数的估计量。

当不可观测的个体特征 v_i 与所有解释变量都不相关时,模型(5.4)可以被称为随机效应模型(Random Effect Model)。那么我们究竟是选择固定效应模型还是随机效应模型:显然,对于随机效应模型,它要求 $Cov(v_i, x_i)=0$,而固定效应模型则没有这一限制,如果这一假设无法得到满足,我们就只能采用固定效应模型,或采用工具变量法来估计随机效应模型。Mundlak(1987)指出,一般情况下,我们可以把个体效应视为随机的,我们也可以通过Hausman检验确定应利用固定效应的变截距模型还是随机效应的变截距模型(Wooldridge, 2006)。如果在给定显著水平条件下统计量W的值大于临界值,那么回归模型选择固定效应模型,如果小于临界值则采用随机效应模型。如果面板数据中的误差自相关,则由于常用标准误差是在它们没有自相关的错误假设下导出的,因此也是不正确的。由于面板数据具有潜在异方差并且在给定的个体不同的时间状态下潜在相关时,我们同时使用Xtgls命令进行分析。

此外,对于因变量 y_{it} 的某些观察值被压缩到一个点上的面板数据,诸如我们在计算每年公司的专利数情况时,在我们统计中很多公司当年没有专利申请数量,因此,这种情况下我们可以使用面板Tobit模型进行拟合,因为无条件固定效应的Tobit模型是有偏的,我们通过考虑使用随机效应模型,与Tobit模型类似,我们可以写出面板Tobit模型的分布函数,然后使用最大似然估计法进行估计,使用Xttboit命令进行分析。

5. 中介效应分析(The Mediation Effect Analysis)

中介效应分析广泛应用于社会科学中,中介变量是联系两个变量之间的一个纽带,在理论上中介变量意味着某种内部机制(MacKinnon, 2008)。自变量 X 的变化引起中介变量 M 的变化,进而中介变量 M 的变化又会引起因变量 Y 的变化。例如,企业家社会资本可能通过影响企业研发投资行为,进而会影响到企业绩效。可见中介变量是非常重要的,不可或缺,正因为如此,中介效应分析的前提是变量间存在明确的(理论上或事实上的)因果关系(Baron和Kenny, 1986; Kenny等, 1998;MacKinnon等, 2002),否则结果很难解释。文献中存在多种中介效应检验的程序(MacKinnon, 2008; MacKinnon等,2002; 温忠麟等,2012),本书借鉴温忠麟等,2004;陈晓萍等,2008关于中介作用的判定对四个条件进行分析:为此,我们以技术创新能力为中介变量对企业家社会资本的中介效应进行检验,如图 5.1 所示。

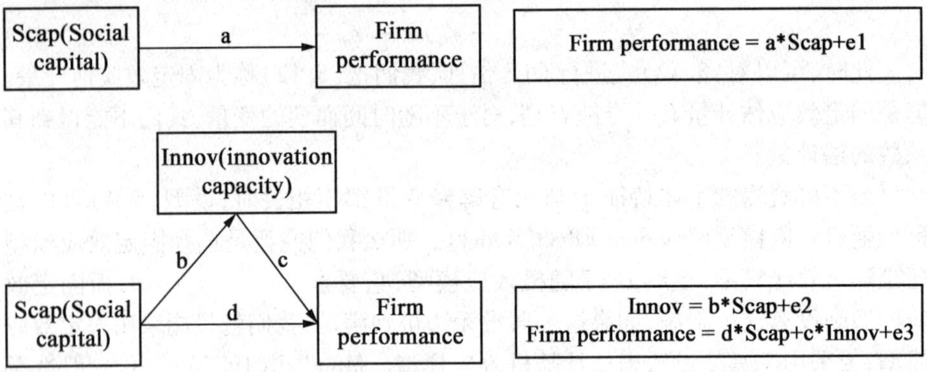

图 5.1　技术创新能力的中介作用检验方法

第一,企业家社会资本(Scap)与中小企业绩效(Firm performance)进行回归分析,其回归系数达到显著水平;第二,企业家社会资本(Scap)与技术创新能力(Innov)进行回归分析,其回归系数达到显著水平;第三,技术创新能力(Innov)与中小企业绩效(Firm performance)进行回归分析,其回归系数达到显著水平;第四,中小企业绩效(Firm performance)同时对企业家社会资本(Scap)和技术创新能力(Innov)进行回归分析,其中中介变量回归系数达到显著水平,自变量的回归系数减少。此时当自变量的回归系数仍然达到显著水平时,说明中介变量起部分中介作用。而当自变量的回归系数减少到不显著水平时,则表明为完全中介作用。依据上述中介原理,依次进行后续分析。

5.5　本 章 小 结

本章内容是从理论假设到实证研究的过渡章节,首先,详细介绍了研究样本的选择、数据的来源以及数据收集过程;其次,本书参考相关文献所取得的研究成果,对所需要研究的自变量、中介变量、因变量、调节变量以及控制变量进行指标的选取和变量的测定,能够客观、真实和科学地反映出变量的含义,从而保证本书实证研究分析的严谨和理论适用性;最后,结合第 4 章研究的内容,构建了数量分析模型,并介绍了实证研究中所运用的数据分析工具与方法。

第6章 实证结果及分析

6.1 描述性统计分析

6.1.1 研究样本的整体概括

自2004年5月，经国务院批准，中国证监会批复同意深圳证券交易所在主板市场内设立中小企业板块。中小企业板块上市公司是相对于成熟的主板市场而言的，其融资服务的对象是中小型企业，在国外又称为创业板或二板市场。中小企业板块能够帮助中小企业解决融资难、融资渠道狭窄的困境，有助于为发展好、主业突出、科技含量高、创新能力强的中小企业提供一个广阔的融资平台，能够帮助中小企业发展获取需要的资金，是我国多层次资本市场建立的有益尝试。我国首批的8家公司正式挂牌上市标志着中小企业板公司正式亮相于资本市场。从图6.1可以看出，中小企业板上市公司数量逐年增加，从2007年上市的202家公司，发展到2012年共有701家中小企业加入中小企业板市场；从图6.1中亦可以看出，每年中小企业板上市公司都达到了50多家，尤其在2010年中小企业上市数量达到了204家，这从一个层面表明中小企业对我国经济发展的作用越加明显。

中小企业板上市公司中大部分属于制造业，根据2001年证监会行业分类标准，本书将其制造业分为二级门类，其他类为一级门类，研究样本的企业共分为21大类。表6.1呈现了中小企业板公司行业及区域分布，行业分布最多的为机械、设备、仪表，占总体的21.78%；其次为石油、化学、塑胶、塑料（12.83%），金属、非金属行业（10.17%）。中小企业板公司分布的区域越来越广，经济越发展的地区，上市公司数量越多。截至2012年12月31日，中小企业板公司分布的区域已经扩大到31个省份，但分布仍然不均衡，其中东部区域中小企业板上市公司最高比例为76.62%，中部区域中小企业板上市公司比例为13.40%，西部区域中小企业板上市公司的比例为9.98%。值得一提的是，造纸、印刷、传播与文化产业以及综合类上市公司都分布于东部地区，其他制造行业(97.37%)，电子(88.33%)，纺织、服装、皮毛(87.80%)大多集中在东部地区；而采掘业大多集中在中部地区(60%)，电力、煤气、水大多集中在西部地区(70%)，这也在一定程度上反映出中部和西部地区集中于当地的区位资源优势进行发展，而制造业和第三产业发展相对滞后。

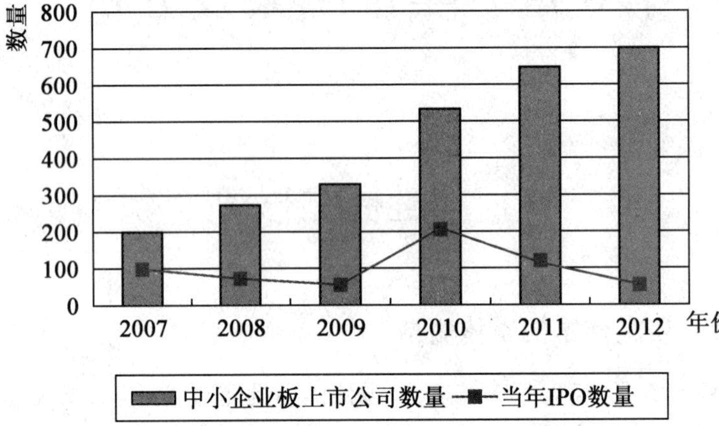

图6.1　中小企业板上市公司数量及增长趋势图

表6.1　行业及区域分布

行业名称	行业代码	总计		东部		中部		西部	
		数量/家	比例/%	数量/家	比例/%	数量/家	比例/%	数量/家	比例/%
农、林、牧、渔业	A	51	1.94	34	66.67	10	19.61	7	13.73
采掘业	B	20	0.76	8	40.00	12	60.00	0	0.00
食品、饮料	C0	87	3.31	48	55.17	19	21.84	20	22.99
纺织、服装、皮毛	C1	123	4.68	108	87.80	15	12.20	0	0.00
木材、家具	C2	41	1.56	30	73.17	3	7.32	8	19.51
造纸、印刷	C3	90	3.43	90	100.0	0	0.00	0	0.00
石油、化学、塑胶	C4	337	12.83	224	66.47	62	18.40	51	15.13
电子	C5	257	9.79	227	88.33	15	5.84	15	5.84
金属、非金属	C6	267	10.17	211	79.03	33	12.36	23	8.61
机械、设备、仪表	C7	572	21.78	451	78.85	85	14.86	36	6.29

续表 6.1

行业名称	行业代码	总计		东部		中部		西部	
		数量/家	比例/%	数量/家	比例/%	数量/家	比例/%	数量/家	比例/%
医药、生物制品	C8	147	5.6	87	59.18	24	16.33	36	24.49
其他制造业	C9	76	2.89	74	97.37	2	2.63	0	0.00
电力、煤气、水	D	10	0.38	3	30.00	0	0.00	7	70.00
建筑业	E	80	3.05	65	81.25	6	7.50	9	11.25
交通运输、仓储业	F	22	0.84	14	63.64	2	9.09	6	27.27
信息技术业	G	234	8.91	185	79.06	35	14.96	14	5.98
批发和零售贸易	H	81	3.08	61	75.31	14	17.28	6	7.41
房地产业	J	41	1.56	27	65.85	9	21.95	5	12.20
社会服务业	K	67	2.55	42	62.69	6	8.96	19	28.36
传播与文化产业	L	11	0.42	11	100.0	0	0.00	0	0.00
综合类	M	12	0.46	12	100.0	0	0.00	0	0.00
合计	2 626	100.0	2 012	76.62	352	13.40	262	9.98	1

本书将企业性质纳入控制变量中，将我国中小企业板上市公司的企业性质按照国有企业和民营企业两类进行研究。由表 6.2 可以看出中小企业板上市公司中民营企业比重较大，占总体样本的 81.30%，较符合我国中小企业以民营企业为主体的特点。在区域分布中东部民营企业占东部总体企业的 87.62%，中部民营企业占中部区域总体企业的 66.19%，而西部民营中小企业板民营上市公司占了西部总体的 53.05%，这也表明中西部国有企业上市公司的比例要大于东部地区。

表 6.2　企业性质特征

区域	民营企业		国有企业		样本量
	数量/家	比例/%	数量/家	比例/%	
东部	1 763	87.62	249	12.38	2 012
中部	233	66.19	119	33.81	352
西部	139	53.05	123	46.95	262
样本量	2 135	81.30	491	18.70	2 626

由表6.3可以看出中小企业绩效情况，其中表6.3a描述了中小企业总资产收益率的情况，从均值可以看出，2007～2010年中小企业总资产收益率的均值都在0.06以上，而2011年降为0.058 1，到2012年中小企业总资产收益率降为0.048 4；表6.3b描述了中小企业市场价值表现，与表6.3a总资产收益率的发展趋势相似，中小企业市场价值均值大于1，说明总体上中小企业具有较好的市场表现，2007～2010年中小企业市场价值的均值大致在2.0左右，其中2010年的市场价值均值在历年中最高（2.326 5），但从2011年开始骤减，2011年减少为1.655 2，2012年减少为1.284 8。近两年中小企业绩效下降这一现象的出现有可能是由于中小企业大部分归属于制造行业，受到全球制造业活动的收缩，经济总体疲软等因素影响致使中小企业发展受阻；另外，2007～2012年超过50%的中小企业总资产收益率超过0.056 2，超过75%的中小企业市场价值Tobin's Q大于1.181 7，这也反映出大多数中小企业发展态势还是较好的。

表6.3a　企业绩效表现（总资产收益率）

year	Mean	sd	min	p25	p50	p75	max
2007	0.061 1	0.043 0	－0.138 0	0.044 8	0.064 7	0.088 4	0.229 8
2008	0.060 8	0.059 2	－0.290 8	0.029 2	0.060 0	0.081 1	0.389 7
2009	0.062 3	0.054 5	－0.212 4	0.032 1	0.059 2	0.083 4	0.373 9
2010	0.064 4	0.042 4	－0.153 8	0.039 9	0.058 2	0.082 6	0.269 9
2011	0.058 1	0.051 3	－0.404 2	0.036 0	0.057 0	0.080 1	0.302 0
2012	0.048 4	0.044 6	－0.231 3	0.021 3	0.046 3	0.071 8	0.260 0
Total	0.058 9	0.044 5	－0.087 8	0.033 0	0.056 2	0.081 0	0.213 1

表6.3b　企业绩效表现（市场价值）

year	Mean	sd	min	p25	p50	p75	max
2007	2.176 6	1.172 2	1.099 7	1.576 4	1.868 4	2.356 9	10.244 2
2008	1.953 0	0.739 6	0.815 1	1.112 2	1.650 8	1.979 2	8.563 2
2009	2.198 9	1.170 1	0.984 6	1.544 4	1.858 1	2.399	9.965 3
2010	2.326 5	1.444 9	0.865 7	1.475 6	1.797 2	2.531 8	10.852 7
2011	1.655 2	0.789 8	0.871 3	1.193 9	1.382 7	1.793 6	7.942 4
2012	1.284 8	0.757 4	0.283 7	0.793 1	1.114 2	1.526 2	7.242 4
Total	1.772 2	1.102 9	0.283 7	1.181 7	1.477 7	1.972 8	10.852 7

6.1.2　企业家社会资本的特征刻画

按照年份情况具体描述了企业家社会资本特征及发展变化，如表6.4所示，在2 626个观察样本中，企业家是现任或前任政府官员、人大代表或政协委员的人数由2007年的80人，增加到2012年的290人，平均人数增加在41.51%左右；累计6年的数据显示企业政治关联现象在我国中小企业板上市公司中已经较为普遍，这与以往学者（巫景飞等，2008；邓建平和曾勇，2009；梁莱歆，冯延超，2010）的研究得出了一致的结论。企业家具有的商业协会关系的人数由2007年的74人，增加到2012年的222人，平均人数增加在34.54%左右。企业家具有的技术协会关系的人数由2007年的98人，增加到2012年的318人。这些数据表明，中小企业板上市公司近1/3的高管具有商业协会关系，近50%的企业家具有技术专业协会的任职经历。

表6.4　企业家社会资本的基本统计

	年	2007	2008	2009	2010	2011	2012	2007～2012
	样本数/家	197	264	322	528	623	692	2 626
政治关联	有联系样本数/家	80	101	137	227	255	290	1 090
	比率/%	40.61	38.26	42.95	42.99	40.93	39.16	41.51
商业协会	有联系样本数/家	74	98	117	184	212	222	907
	比率/%	37.56	37.12	36.68	34.85	34.03	32.08	34.54
技术协会	有联系样本数/家	98	135	162	253	297	318	1 263
	比率/%	49.75	51.14	50.78	47.92	47.67	45.95	48.10

企业家社会资本与公司所属的不同行业具有一定的联系，按照证监会2001年行业分类标准，样本分为21类。表6.5呈现了在21个行业的样本中，企业家具有政治关联程度最高的行业分别为采掘业（85.71%）、农林牧渔业（65.79%）、交通运输仓储业（62.50%）和水电煤气（57.14%），这些是国家非常重要的行业，大部分是国家控制行业。商业协会关系最高的行业为其他制造业（59.32%）、综合类（50.00%）。技术协会关系最高的行业为食品饮料（72.41%）、医药生物（60.55%）、造纸印刷（59.70%）、纺织服装（58.06%），这些都属于制造行业。政治关联程度最低的行业为医药行业（28.44%），商业协会关系程度最低的行业为传播文化行业（0%），技术协会关系程度最低的行业为水电煤气（14.29%）。这些数据表明中小企业政治关联在我国非常普遍，而商业协会以及技术协会数量及比例在企业间的差异较大。

表6.5　企业家社会资本的行业分布

行业名称	行业代码	总样本							
		总计		政治关联		商业协会关系		技术协会关系	
		数量/家	比例/%	数量/家	比例/%	数量/家	比例/%	数量/家	比例/%
农、林、牧、渔业	A	51	1.94	34	65.79	24	47.37	28	55.26
采掘业	B	20	0.76	17	85.71	7	35.71	7	35.71
食品、饮料	C0	87	3.31%	40	46.55	40	46.55	63	72.41
纺织、服装、皮毛	C1	123	4.68	61	49.46	33	26.88	71	58.06
木材、家具	C2	41	1.56	16	37.93	18	44.83	8	20.69
造纸、印刷	C3	90	3.43	40	44.78	32	35.82	54	59.70
石油、化学、塑胶	C4	337	12.83	134	39.76	120	35.74	146	43.37
电子	C5	257	9.79	83	32.31	71	27.69	128	49.74
金属、非金属	C6	267	10.17	119	44.63	98	36.72	133	49.72
机械、设备、仪表	C7	572	21.78	254	44.37	242	42.25	308	53.76
医药、生物制品	C8	147	5.60	42	28.44	53	35.78	89	60.55
其他制造业	C9	76	2.89	37	49.15	45	59.32	39	50.85
电力、煤气、水	D	10	0.38	6	57.14	1	14.29	1	14.29
建筑业	E	80	3.05	28	34.48	19	24.14	40	50.00
交通运输、仓储业	F	22	0.84	14	62.50	4	18.75	7	31.25
信息技术业	G	234	8.91	78	33.14	44	18.86	98	41.71
批发和零售贸易	H	81	3.08	36	43.86	37	45.61	21	26.32
房地产业	J	41	1.56	20	48.48	9	21.21	9	21.21
社会服务业	K	67	2.55	22	32.69	28	42.31	24	36.54
传播与文化产业	L	11	0.42	5	44.44	0	0.00	6	55.56
综合类	M	12	0.46	6	50.00	6	50.00	6	50.00

6.1.3　技术创新现状

鉴于中小企业板上市公司在技术创新方面披露得较充分、全面，本书以中小企业板上市公司为样本，进行分析。本节主要是对中小企业的创新资源投入以及研究开发能力进行描述性统计分析，对本书的研究首先有个感性的认识，进而为后面章节的相关性分析和回归分析做好铺垫。

图6.2呈现了中小企业板上市公司2007～2012年期间的创新资源投入情

况，如图 6.2 所示中小企业板上市公司 R&D 投入比例呈现上升趋势，进行研发投入的中小企业由 2007 年的 79.1%，上升到 2012 年的 89.13%。而科技人力资本投入一直处于 20% 左右的比例，科技人员投入强度相对处于平稳发展状态。

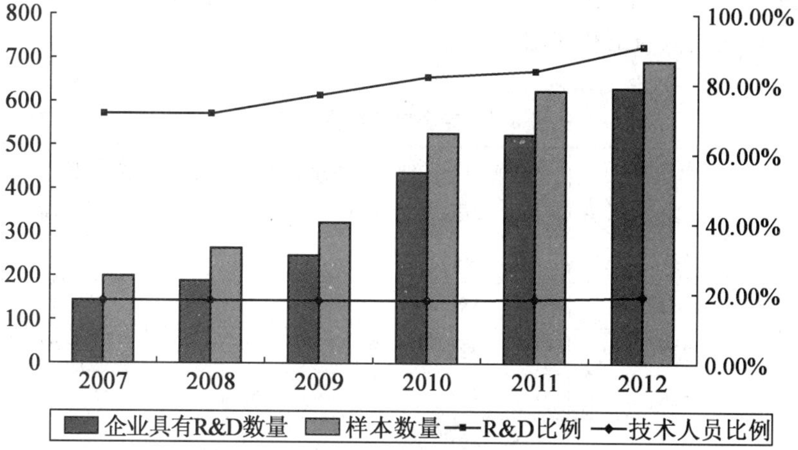

图 6.2　技术创新资源投入情况

从表 6.6 中可以看到中小企业板上市公司研发费用的均值从 2007 年的 237 万元上升到 2012 年的 474 万元，呈现一定的增长趋势，说明我国中小企业加大了技术创新的投入力度；我国中小企业板上市公司发明专利平均申请数量从 2007 年的 2.59 个增加到 2012 年的 5.19 个，实用新型平均申请数量从 2007 年的 4.13 个增加到 2012 年的 6.71 个，反映出我国中小企业板上市公司开始注重专利的申请及知识产权的作用，并通过加大技术创新投入获得了较好的研究开发能力。

表 6.6　研发费用投入与专利申请情况

年份	样本数量	研发费用均值/百万	发明专利平均申请数量/个	实用新型平均申请数量/个	外观设计平均申请数量/个
2007	197	2.37	2.59	4.13	2.15
2008	264	2.25	3.45	5.01	2.33
2009	322	2.64	5.34	6.09	2.97
2010	528	3.12	5.16	6.22	3.17
2011	623	4.16	6.08	8.32	3.97
2012	692	4.74	5.19	6.71	2.62

表6.7进一步表明了中小企业越来越重视专利申请数量和保护情况。具体而言,2007年申请专利的企业数量是98家,2012年增到509家,企业申请专利超过100个的企业从2007年的0家发展到2012年为15家;同时企业申请专利超过50个数量的企业从2007年的6家发展到2012年的47家。通过专利申请企业数量的发展变化我们可以看出,中小企业越来越重视技术创新能力的开发,并且专利申请的数量逐年递增。

表6.7 专利申请数量状况

年份	样本数量/家	申请的企业数/家	超过100件企业数/家	超过50件企业数/家
2007	197	98	0	6
2008	264	156	4	12
2009	322	225	6	21
2010	528	371	11	30
2011	623	491	12	37
2012	692	509	15	47

正如我们所知,技术创新能力与公司所属不同行业具有一定的联系。表6.8呈现了在不同行业间研发投入强度和研究开发能力的差别,在所属21个行业的样本中,信息技术业的投入强度最高为0.08,其次是医药、生物制品,机械、设备、仪表和电子研发投入强度均为0.04,根据国际经济合作与发展组织(OECD)《奥斯陆手册》中界定的标准,企业R&D投入强度为1%~4%,表示企业的技术创新能力达到中等。按此标准,我国中小企业信息技术产业在科技创新领域的实力有较大的进步,中国信息技术行业的企业在研发上的投入也并不少,但我国其他类型的中小企业技术创新能力仍有较大提升空间。拥有自主知识产权产品的多少,是企业技术创新能力的重要体现之一。

从表6.8中亦可以看出,信息技术产业的企业平均发明专利申请数量为12.35,其他制造业的平均发明专利申请数量为9.14,电子产品发明申请专利数量为8.40;其他制造业的平均实用新型申请数量为14.64,电子行业的平均实用新型专利申请数量为11.26,机械、设备、仪表为11.14。同时,可以看出在制造业大部分行业中,发明专利申请数量要明显少于实用新型和外观设计专利申请数量,企业的真正创新能力有待进一步提升。中小企业板上市公司是中小企业优秀企业的代表,但企业在研发投入以及技术创新能力上距离国际平均水平特别是先进水平仍有相当大的距离。

表 6.8　研发投入强度及研究开发能力

行业名称	行业代码	研发投入强度	发明专利/家	实用新型/家	外观设计/家
农、林、牧、渔业	A	0.01	1.08	0.35	0.24
采掘业	B	0.02	1.76	1.53	0.00
食品、饮料	C0	0.02	4.14	1.37	3.23
纺织、服装、皮毛	C1	0.01	1.46	2.31	4.68
木材、家具	C2	0.01	1.10	5.95	4.18
造纸、印刷	C3	0.03	1.63	5.76	10.11
石油、化学、塑胶、塑料	C4	0.03	3.49	3.04	0.60
电子	C5	0.04	8.40	11.26	2.30
金属、非金属	C6	0.02	3.23	5.96	6.81
机械、设备、仪表	C7	0.04	5.63	11.14	2.57
医药、生物制品	C8	0.04	5.99	3.43	1.48
其他制造业	C9	0.02	9.14	14.64	12.96
电力、煤气、水	D	0.00	2.40	4.40	0.00
建筑业	E	0.02	3.69	4.34	1.09
交通运输、仓储业	F	0.02	0.06	0.81	0.00
信息技术业	G	0.08	12.35	7.94	2.24
批发和零售贸易	H	0.00	0.35	0.05	0.26
房地产业	J	0.00	0.17	0.51	0.00
社会服务业	K	0.01	0.93	0.88	0.00
传播与文化产业	L	0.01	0.00	0.00	0.00
综合类	M	0.00	0.00	0.00	0.00

6.2　分组检验

为了获得企业家的政治关联、商业协会关系、技术协会关系与中小企业绩效之间关系的直观认识，我们采用分组方法进行 T 检验。表 6.9 描述了企业家有无社会资本以及关系强弱程度所对应的 ROA 和 Tobin's Q 的变化。其中，联系

(1)~(5)表示,社会资本所对应的强弱程度:(0)表示没有社会资本,(5)表示具有社会资本。结果表明,企业家具有政治关联(POLCON)的明显比没有政治关联对应的Tobin's Q要高(1.976vs. 1.628,p-value <0.001);企业家具有商业协会经历(MBN)明显比没有商业协会经历对应的 Tobin's Q 要高(1.990vs. 1.657,p-value <0.001),企业家具有技术协会经历(MTN)Tobin's Q 对应明显高于没有技术协会的企业(1.992vs. 1.603,p-value <0.001);同时,企业家的政治关联、商业协会关系、技术协会关系与对应 ROA,在显著水平 0.01 的情况下,各指标间具有显著差异,研究结果相似,初步支持了企业社会资本对中小企业绩效具有正向影响的假设研究。

表 6.9　两组样本均值 T 检验

联系程度	无联系(0)	(1)	(2)	(3)	(4)	有联系(5)	(5)-(0)	T-test (p-value)
面板 A:观察值按照 Tobin's Q 分类								
POLCON	1.628	1.638	1.796	2.008	2.176	1.976	0.348	8.011***
MBN	1.657	1.660	1.749	1.978	2.133	1.990	0.333	7.384***
MTN	1.603	1.767	1.825	1.974	2.062	1.992	0.389	9.039***
面板 B:观察值按照 ROA 分类								
MPC	0.054	0.056 3	0.060 5	0.070 6	0.079 4	0.067	0.014	7.742***
MBN	0.055	0.055 6	0.063 5	0.070 1	0.077 7	0.067	0.012	6.494***
MTN	0.053	0.057 1	0.060 8	0.071 2	0.079 3	0.068	0.015	7.835***

注:*表示 0.1 的显著性水平,**表示 0.05 的显著性水平,***表示 0.01 的显著性水平。

由于中国特殊的行政形治理制度背景,政府具有国民经济管理者和国有企业股东性质的双重身份,这样就容易造成国有企业在经济型治理的外壳下转而实施行政型治理或某种变形,国有企业可以得到政府保护,而由于过去长期的政治和意识形态上的歧视等原因,民营企业生存和发展在很大程度上受到政治因素及其与当地政府关系的影响。既然不同的企业性质会对公司运营产生影响,那么不同公司性质的企业家社会资本对于公司绩效的影响程度又是如何?

本书将企业性质纳入控制变量中,将我国中小企业板上市公司的企业性质按照国有企业和民营企业两类进行研究。通过表 6.10,可以初步发现,国有企业对应的政治关联明显高于民营企业的政治关联(0.431vs. 0.315,p-value < 0.01),民营企业的商业协会关系(0.372vs. 0.276,p-value < 0.01)和技术协会关系(0.498vs. 0.424,p-value < 0.05)要明显高于国有企业,这种

情况也不难理解，因为企业家社会资本能够为企业获得更多的社会稀缺资源，相对于国有企业来说，民营企业家的政治关联程度显然比国有企业家的政治关联要弱，但是，民营企业家可以更加重视和利用商业协会关系和技术协会关系来获取社会资源；国有企业和民营企业的研发投入强度（RDI）没有明显差异（0.033vs.0.032，p－value ＞ 0.1；0.028vs.0.027，p－value ＞ 0.1）；国有企业对应的 Tobin's Q 均值和中位数都明显大于民营企业（2.022vs.1.846，p－value ＜ 0.01；1.633vs.1.501，p－value ＜ 0.05），但是，国有企业的资产回报率（ROA）的均值和中位数都明显小于民营企业（0.067vs. 0.076，p－value ＜ 0.01；0.060vs. 0.071，p－value ＜ 0.01），国有企业的资产负债率（Lev）的均值和中位数（0.390vs.0.328，p－value ＜ 0.01；0.368vs.0.303，p－value ＜ 0.01）与公司规模（Firm Size）的均值和中位数（21.264vs.21.048，p－value ＜ 0.01；21.180vs.20.981，p－value ＜ 0.01）都明显大于民营企业。

表6.10　不同所有制结构下变量初步统计结果

	国有企业		民营企业		T－test (p－value)	Kruskal－Wallis test (p－value)
	均值	中位数	均值	中位数		
POLCON	0.431	0	0.315	0	4.172**	0.000
MBN	0.276	0	0.372	0	3.517***	0.004
MTN	0.424	0	0.498	0	2.299**	0.047
RDI	0.033	0.028	0.032	0.027	0.585	0.278
Tobin's Q	2.022	1.633	1.846	1.501	2.572***	0.012
ROA	0.067	0.060	0.076	0.071	2.774**	0.000
Lev	0.390	0.368	0.328	0.303	5.570***	0.000
Firm size	21.264	21.180	21.048	20.981	4.794***	0.000

注：*表示0.1的显著性水平，**表示0.05的显著性水平，***表示0.01的显著性水平。

为了探讨企业家社会资本对中小企业技术创新能力是否产生影响，通过表6.11a可以初步发现，企业家是否拥有政治关联和商业协会关系对中小企业研发投入强度均值不具有明显差异（0.032 9vs. 0.033 0，p－value ＞ 0.1；0.032 5vs. 0.033 6，p－value ＞ 0.1），而企业家拥有技术协会关系对应企业的研发投入强度要明显大于没有技术协会关系的企业（0.038 2vs.0.028 8，p－value ＜ 0.01）；具有政治关联的企业科技人力资本投入比例要明显高于没有政治关联的企业科技人力资本投入（0.189 4vs.0.170 0，p－value ＜ 0.01），企业家具有技术协会关系的企业科技人力资本投入比例亦明显高于没有技术协会关系的企业科技人力资本投入比例(0.194 6vs. 0.173 7, p - value < 0.01),企业家具有商会关系的企业科技人力资本投入比例与没有商会关系的企业科技人力资本投入比例有差异(0.175 3vs. 0.188 0, p - value <0.1);企业家拥有的政治关联、商业协会关系和技术协会关系对中小企业研究开发能力都具有显著正向影响(p - value <0.01)。通过有无企业家社会资本的T检验初步验证了企业家社会资本与技术创新能力的相关关系,部分支持了相关假设。

表6.11a 社会资本有无对技术创新能力的影响

	无联系(1)	有联系(2)	(2)-(1)	T - test (p - value)
RDI				
POL	0.032 9	0.033 0	0.000 1	0.080 5
MBN	0.032 5	0.033 6	0.001 1	0.614 6
MTN	0.028 8	0.038 2	0.009 4	5.443 1***
Tecp				
POL	0.170 0	0.189 4	0.019 4	2.739 3***
MBN	0.175 3	0.188 0	0.012 7	1.971 1 *
MTN	0.173 7	0.194 6	0.021 0	3.080 4***
Patent				
POL	0.869 7	1.165 2	0.295 4	6.909 4***
MBN	0.936 7	1.115 4	0.178 6	3.969 5***
MTN	0.961 9	1.049 0	0.300 2	2.003 8***

注:*表示0.1的显著性水平,**表示0.05的显著性水平,***表示0.01的显著性水平。

创新资源投入是否会对中小企业绩效产生显著影响呢?本书按照每个行业研发投入强度平均值进行分组,高于行业研发投入强度的为高投入企业,否则为低研发投入强度企业;同时,把人力资本投入强度按照高于行业均值标准界定为高人力资源投入强度,否则为低投入强度。表6.11b呈现了创新资源投入能力对中小企业绩效影响的T检验结果,可以看出拥有高强度创新资源投入(研发投入强度和科技人力资本投入)的企业,其绩效要明显高于低强度研发投入的企业。

表6.11b　技术创新资源投入能力强度差异与企业绩效

年份	样本数量	高研发强度(1)	低研发强度(2)	低科技人力资本(3)	高科技人力资本(4)	T - test (p - value) $H_0:(1)=(2)$	T - test (p - value) $H_0:(3)=(4)$
2007	197	2.332	1.688	1.329	2.93	3.684 3***	2.144**
2008	264	1.626	1.245	0.975	2.133	4.198 9***	2.918***
2009	322	2.4	1.803	1.402	2.876	4.298 5***	4.206***
2010	528	2.634	1.938	1.782	2.986	5.293 7***	3.292***
2011	623	1.850	1.807	1.739	1.865	3.621 9***	3.557***
2012	692	2.178	1.342	1.539	2.479	9.049 8***	5.420***

注：*表示0.1的显著性水平，**表示0.05的显著性水平，***表示0.01的显著性水平。

为了验证专利的三种形式：发明专利、实用新型和外观设计对中小企业绩效的影响，下面把专利申请数量划分为高水平研究开发能力企业和低水平研究开发能力的企业。① 对两个样本进行独立T检验，进而可以验证专利的不同形式对中小企业绩效的影响，从表6.11c中可以看出，企业拥有高水平发明专利申请数量所对应的Tobin's Q要明显大于低水平发明专利申请数量的企业(0.193 7 vs. 0.177 4, p - value < 0.01)，而具有较高实用新型申请数量的企业略高于低实用新型申请数量的企业，但不显著(0.184 9vs. 0.184 7, p - value >0.1)，而外观设计在两者之间没有任何明显关系，可见发明专利在中小企业技术创新能力中仍是最重要的因素。

表6.11c　研究发展能力强度的差异与企业绩效

专利申请数量	水平	Tobin's Q	T - test (p - value)	Kruskal - Wallis test (p - value)
发明专利	高	0.193 7	3.686 4***	0.000
	低	0.177 4		
实用新型	高	0.184 9	0.043 5	0.273 1
	低	0.184 7		

① 计算每个行业当年专利申请数量的均值时，若该企业当年专利申请数量高于均值则界定为高研究开发能力企业，如果该企业当年专利申请数量低于均值则界定为低研究开发能力企业。

续表 6.11c

专利申请数量	水平	Tobin's Q	T - test (p - value)	Kruskal - Wallis test (p - value)
外观设计	高	0.182 6	0.732 1	0.136 0
	低	0.186 0		

注：* 表示 0.1 的显著性水平，* * 表示 0.05 的显著性水平，* * * 表示 0.01 的显著性水平。

6.3 变量的相关性分析

表6.12 列示了各主要变量间的 Pearson 相关分析结果，相关系数显示，政治关联、商业协会以及技术协会关系与企业绩效（Tobin's Q 和 ROA）在 1% 的水平下显著相关，技术创新能力的各主要变量与企业绩效（Tobin's Q 和 ROA）在显著相关；同时主要相关变量间的相关系数基本上都没有超过 0.7，可以初步认为这些变量间不存在严重的多重共线性。

6.4 回归分析与假设检验

6.4.1 企业家社会资本对中小企业绩效的影响分析

为深入研究企业家社会资本对于中小企业绩效的影响作用，本书利用设计的数量模型考察企业家社会资本的政治关联、商业协会以及技术协会对中小企业绩效的影响，由于政治关联、商业协会关系以及技术协会关系三者具有显著的正向关系，为了避免多重共线性问题，将三个变量分别代入模型中；此外，自变量 POLCON，MBN，MTN 在大量的样本个体中缺乏时间序列的变化，如果采用固定效应把三个变量放在回归模型里会带来大量样本信息的缺失和重要控制变量遗漏的问题。考虑到随机效应同时兼顾了个体之间既存在差异性又存在共同性的特点，在此借鉴逯东（2010）的做法，采用考虑随机效应的广义最小二乘法（GLS），运用 STATA12.0 软件对企业家社会资本进行 GLS 回归。

表 6.12 相关性分析

	ROA	Tobin'Q	MPC	MBN	MTN	Gender	Degree	Age	RDI	Tecp	Utility	Appearance	Patents	Lev	Firmage	sale_gr
ROA	1.000															
Tobiń Q	0.411***	1.000														
MPC	0.150***	0.155***	1.000													
MBN	0.126***	0.143***	0.389***	1.000												
MTN	0.152***	0.174***	0.286***	0.366***	1.000											
Gender	-0.001	0.042**	0.013	-0.019	0.065***	1.000										
Degree	0.089***	0.184***	0.048**	0.048**	0.074***	0.028	1.000									
Age	-0.027	-0.071***	0.019	-0.048**	0.023	0.016	-0.174***	1.000								
RDI	0.146***	0.186***	0.002	0.012	0.117***	-0.007	0.165***	0.001	1.000							
Tecp	0.193***	0.219***	0.022	-0.046**	0.061***	0.026	0.165***	0.006	0.368***	1.000						
Utility	0.006	-0.058***	0.034	0.068***	0.130***	0.059***	0.084***	-0.010	0.101***	0.036*	1.000					
Appearance	0.02	-0.050**	0.047**	0.092***	0.093***	0.070***	0.053***	-0.069***	-0.014	-0.067***	0.392***	1.000				
Patents	0.082***	0.037*	0.039**	0.096***	0.172***	0.069***	0.142***	-0.002	0.186***	0.129***	0.578***	0.261***	1.000			
Lev	-0.416***	-0.130***	-0.070***	-0.008	-0.106***	-0.022	-0.022	-0.031	-0.239***	-0.114***	-0.010	-0.038	-0.042**	1.000		
Firmage	0.03	0.035*	0.041**	0.015	0.006	-0.031	0.033*	0.148***	-0.045**	0.036*	0.045**	0.027	0.049**	-0.016	1.000	
sale_gr	0.316***	0.153***	0.015	0.017	0.046**	-0.023	0.090***	-0.083***	-0.006	0.063***	-0.016	-0.020	0.015	0.120***	-0.033	1.000

注：*表示 0.1 的显著性水平，**表示 0.05 的显著性水平，***表示 0.01 的显著性水平。

回归结果如表6.13，从表6.13模型(1)可以看出，企业家政治关联与Tobin's Q的回归系数为0.308(p-value <0.01)，这说明企业家政治关联对中小企业绩效具有显著正向影响；由模型(4)可以看出，政治关联与ROA的回归系数为0.08(p-value <0.01)，亦具有显著的正向影响，这说明企业家是现任或前任政府官员，人大代表以及政协委员有助于获取稀缺资源，能够提升公司经营业绩，因此假设1获得了支持。通过模型(2)和模型(5)中发现企业家的商业协会背景与Tobin's Q的回归系数为0.307(p-value <0.01)，商业协会关系与ROA的回归系数为0.006(p-value <0.01)，说明企业家社会资本与中小企业绩效之间有显著的正影响，支持了假设2，表明企业家通过参与商业协会或工商联，可以提高企业家接触政府部门和官员的机会，为企业在政府资源分配、政策制定与实施中维护自身利益起到了重要的桥梁作用。从模型(3)和模型(6)中亦可以看出企业家技术协会经历与中小企业绩效之间有显著的正影响，支持了假设3。事实上，企业家的技术协会或商业协会身份都起到了与政治关联相类似的作用，只是在政治参与的方式上和力度上存在一定差异而已。通过模型(1)~(6)亦发现，企业家社会资本中的三个变量对中小企业绩效的影响程度明显不同，政治关联的影响程度最大，商业协会次之，技术协会影响的程度最小。从模型(1)中可以看出，2009年控制变量的影响系数为0.112(p-value <0.01)，2010年控制变量的影响系数为0.521(p-value <0.01)，但从2011年开始影响系数为负数(p-value <0.01)，表明政治关联从2011年开始对企业绩效的影响作用变小，相似结果在模型(2)~(6)中也可以看出，这是因为随着各地区市场化水平的逐步发展完善，企业社会资本的作用相应减弱(边燕杰和丘海雄，2000)，导致企业建立政治关联的动机有所降低(罗党论和唐清泉，2009)，从而使企业家社会资本对公司价值的影响程度有所减小，但减小的幅度不大。在控制变量中公司规模Firm size和销售增长率等都对中小企业绩效有显著影响；公司规模对Tobin's Q显著为负，对ROA具有显著正影响，这些结果支持了许多文献的研究成果(Brown和Petersen 2011；Li和Zhang 2007)。

表6.13　企业家社会资本对中小企业绩效的影响研究

	Tobin's Q			ROA		
	(1)	(2)	(3)	(4)	(5)	(6)
POL	0.308***			0.008***		
	(7.06)			(4.07)		
BAN		0.307***			0.006***	
		(6.95)			(3.43)	
TAN			0.261***			0.006***

续表 6.13

	Tobin's Q			ROA		
	(1)	(2)	(3)	(4)	(5)	(6)
			(5.97)			(3.75)
$Firmsize_{it}$	-0.311***	-0.302***	-0.294***	0.011***	0.011***	0.012***
	(-8.41)	(-8.20)	(-7.95)	(7.23)	(7.41)	(7.45)
Lev_{it}	0.246*	0.176	0.199	-0.129***	-0.131***	-0.130***
	(1.67)	(1.20)	(1.35)	(-21.56)	(-21.84)	(-21.65)
$Firmage_{it}$	0.018***	0.018***	0.018***	0.001***	0.001***	0.001***
	(3.54)	(3.65)	(3.68)	(2.85)	(2.91)	(2.93)
$Growth_{it}$	0.399***	0.407***	0.392***	0.055***	0.055***	0.055***
	(4.60)	(4.69)	(4.51)	(18.24)	(18.28)	(18.21)
yr_2008	-0.844***	-0.841***	-0.846***	-0.006**	-0.006**	-0.006**
	(-8.98)	(-8.91)	(-8.96)	(-2.07)	(-2.02)	(-2.06)
yr_2009	0.112	0.131	0.123	0.000	0.001	0.001
	(1.20)	(1.40)	(1.31)	(0.12)	(0.29)	(0.21)
yr_2010	0.521***	0.539***	0.527***	-0.011***	-0.010***	-0.011***
	(5.72)	(5.90)	(5.76)	(-3.46)	(-3.30)	(-3.39)
yr_2011	-0.292***	-0.277***	-0.292***	-0.019***	-0.019***	-0.019***
	(-3.21)	(-3.03)	(-3.19)	(-5.95)	(-5.82)	(-5.92)
yr_2012	-0.616***	-0.598***	-0.599***	-0.024***	-0.023***	-0.023***
	(-6.57)	(-6.37)	(-6.37)	(-7.13)	(-6.99)	(-6.97)
constant	7.730***	7.506***	7.396***	-0.156***	-0.163***	-0.162***
	(8.75)	(8.52)	(8.36)	(-4.17)	(-4.35)	(-4.33)
Industry	YES	YES	YES	YES	YES	YES
N	2 626	2 626	2 626	2 626	2 626	2 626
chi2	1 080.574	1 074.426	1 057.170	1 074.888	1 061.636	1 069.011
Adj. R2	0.373	0.378	0.372	0.452	0.449	0.449

注:本表的被解释变量为 Tobin's Q,样本时间为 2007～2012 年,共 6 年;括号中为 p 值,*表示 0.1 的显著性水平,**表示 0.05 的显著性水平,***表示 0.01 的显著性水平。

中国经济环境背景特殊,虽然进行了经济体制改革,但计划经济仍然存在影响。比较典型的是在上市公司中国有企业比例依然很多,然而在中小企业板上市公司中，国有企业份额相对较少，但企业家社会资本作为一种非正式制度，是企业的异性社会资源，对企业的经济资源获取、政府支撑等都具有实质性影响。鉴于中国经济制度的特殊性，国有企业具有先天优势，而民营企业为了发展，也试图去拓展其社会资本。为了深入考察企业家社会资本在国有企业和民营企业之间的差异性，本书运用了随机效应模型对民营企业和国有企业企业家社会关系对应的中小企业绩效（Tobin's Q）进行回归分析。如表 6.14 所示，通过模型（1）和模型（4）可以看出，无论对于国有企业还是民营企业，政治关联对于中小企业公司绩效都具有显著的正向影响，这也进一步验证了假设 1；模型（2）和模型（5）亦显示商业协会关系对中小企业国有和民营企业都具有显著正向影响，这也进一步验证了假设 2；模型（3）和模型（6）同样反映出技术协会关系对中小绩效具有显著正向影响，这也进一步验证了假设 3。

表 6.14　不同企业性质条件下企业家社会资本对中小企业绩效的影响研究

	国有企业			民营企业		
	(1)	(2)	(3)	(4)	(5)	(6)
POL	0.363***			0.262***		
	(3.24)			(5.45)		
BAN		0.272***			0.336***	
		(5.65)			(2.81)	
TAN			0.210***			0.457***
			(4.43)			(3.82)
$Firmsize_{it}$	-0.336***	-0.335***	-0.334***	-0.344***	-0.335***	-0.322***
	(-3.93)	(-3.84)	(-3.87)	(-8.34)	(-8.18)	(-7.84)
Lev_{it}	-1.128***	-1.138***	-0.862**	0.076	0.006	0.028
	(-3.12)	(-3.08)	(-2.31)	(0.47)	(0.04)	(0.17)
$Firmage_{it}$	0.025	0.028*	0.033**	0.017***	0.017***	0.017***
	(1.60)	(1.76)	(2.13)	(3.16)	(3.20)	(3.09)
$Growth_{it}$	0.384**	0.391**	0.421**	0.447***	0.462***	0.441***
	(1.97)	(2.02)	(2.19)	(4.65)	(4.80)	(4.57)
Constant	9.056***	8.985***	8.773***	8.867***	8.730***	8.452***
	(5.19)	(5.04)	(4.97)	(10.72)	(10.60)	(10.23)
Industry	Yes	Yes	Yes	Yes	Yes	Yes
Year	Yes	Yes	Yes	Yes	Yes	Yes

续表 6.14

	国有企业			民营企业		
	(1)	(2)	(3)	(4)	(5)	(6)
N	491	491	491	2 135	2 135	2 135
chi2	222.996	220.859	230.586	706.865	708.767	692.780
Adj. R2	0.359	0.368	0.378	0.322	0.317	0.314

注:本表的被解释变量为 Tobin's Q,样本时间为 2007 ~2012 年,共 6 年;括号中为 p 值,* 表示 0.1 的显著性水平,* * 表示 0.05 的显著性水平,* * * 表示 0.01 的显著性水平。

6.4.2　企业家社会资本对技术创新能力的影响分析

本书研究的技术创新能力(Innovation Capacity)包括:创新资源的投入能力和研究开发能力。其中创新资源的投入能力主要研究科技人力资本投入强度(Tecp)和研究开发经费投入强度(RDI);研究开发能力主要由研究发明专利的申请数量(Patents)来表示。图 6.3(a)表明将近 10% 的样本企业科技人力资本投入为 0,图 6.3(b)表明几乎 40% 的样本没有研发投入强度(RDI),图 6.3(c)表明超过 40% 的样本企业没有发明专利申请数量。这种诸多因变量是 0 值的状态模型,叫作受限因变量模型,如果采用传统的回归模型方法,会导致 y 值的失真,一般会采用面板 Tobit 模型进行分析和计算。

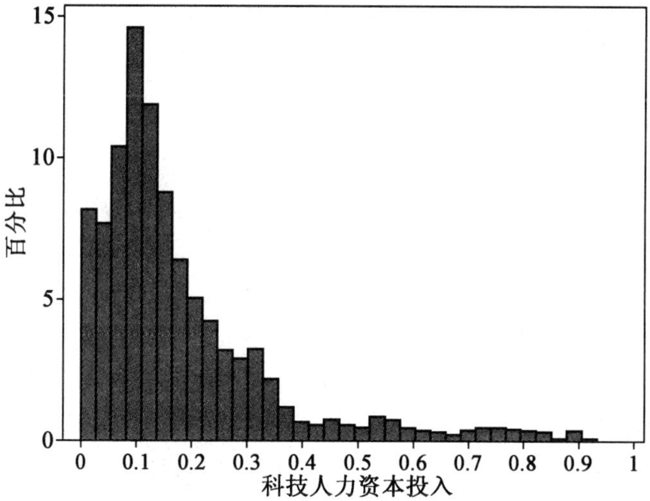

图 6.3(a)　科技人力资本投入强度分布

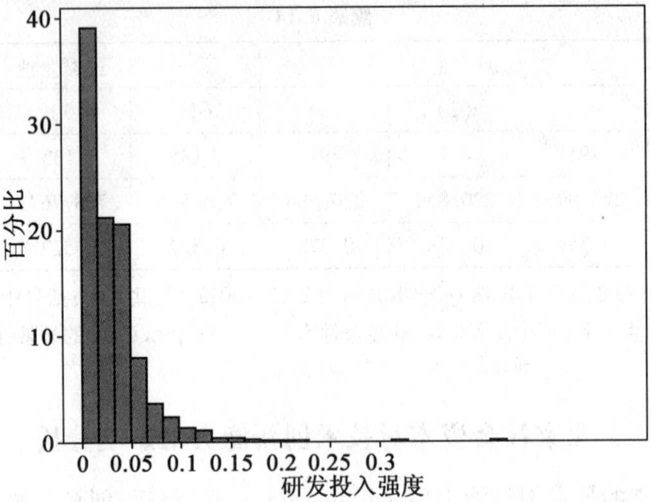

图 6.3(b) 研发强度的分布

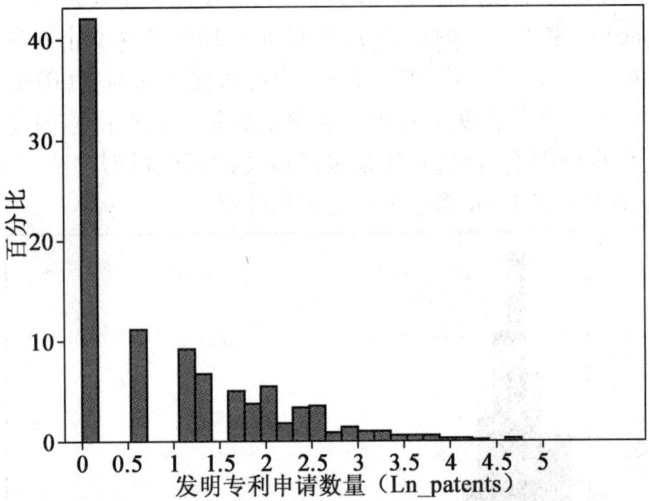

图 6.3(c) 发明申请数量分布

表6.15 呈现了企业家社会资本对中小企业技术创新能力的影响结果，模型(1)可以看出政治关联与科技人力资本投入强度的回归系数为 0.010($p-value<0.1$)，表明政治关联对科技人力资本投入具有正向影响，故假设 H4a 成立；模型(4)可以看出政治关联与研究开发经费投入强度的回归系数为 0.003，具有正向影响，但不显著($p-value>0.1$)，假设 H4b 不成立；模型(7)结果表明政治关联与 Patent 的回归系数为 0.075($p-value<0.1$)，反映出政治关联对研究开发能力(Patent)具有正向影响，故假设 H4c 成立。由模型(2)和模型(5)分别可以看出商业社会关系对科技人

力资本投入和RDI影响均不显著，假设5a和假设5b不成立；由模型（8）可以看出，商业协会关系与Patent的回归系数为0.210（p - value <0.01），表明商业社会关系能够对研究开发能力（Patent）产生正向显著影响，假设5c成立。由模型（3）中可以看出，技术协会关系对科技人力资本投入强度有正向影响，且回归系数为0.017（p - value <0.01），假设6a成立；从模型（6）中可以看出技术协会关系对R&D投入强度有显著正向影响（p - value <0.01），假设6b成立；模型（9）中技术协会关系对研究开发能力（Patent）回归系数为0.302（p - value <0.01），技术协会关系对研发发展能力有正向影响，因此假设6c成立。

表6.15 企业家社会资本对中小企业技术创新能力影响

	Tecp			RDI			Patent		
	（1）	（2）	（3）	（4）	（5）	（6）	（7）	（8）	（9）
PoL	0.010*			0.003			0.075*		
	（1.72）			（0.70）			（1.89）		
BAN		-0.009			0.002			0.210***	
		（-1.50）			（1.52）			（5.14）	
TAN			0.017***			0.008***			0.302***
			（2.83）			（4.81）			（7.68）
Degree	0.018***	0.018***	0.018***	0.005***	0.005***	0.005***	0.111***	0.109***	0.103***
	（5.98）	（6.18）	（5.90）	（6.24）	（6.22）	（5.97）	（5.51）	（5.40）	（5.14）
Gender	0.002	0.002	0.000	-0.006	-0.005	-0.007*	0.259***	0.267***	0.217**
	（0.14）	（0.17）	（0.00）	（-1.61）	（-1.58）	（-1.93）	（2.99）	（3.09）	（2.53）
Age	0.001***	0.001***	0.001***	0.000**	0.000**	0.000**	-0.000	0.001	-0.001
	（3.05）	（3.03）	（2.97）	（2.27）	（2.34）	（2.10）	（-0.07）	（0.18）	（-0.35）
Firm size	-0.015***	-0.014**	-0.014**	-0.006***	-0.006**	-0.006**	0.289**	0.283***	0.291***
	（-3.58）	（-3.41）	（-3.52）	（-5.24）	（-5.30）	（-5.23）	（10.50）	（10.31）	（10.69）
Industry	Yes	Yes	Yes	Yes	Yes	Yes	Yes	Yes	Yes
Year	Yes	Yes	Yes	Yes	Yes	Yes	Yes	Yes	Yes
_cons	0.297**	0.281**	0.294**	0.105***	0.106**	0.107**	-7.045*	-6.973**	-7.000**
	（2.80）	（2.66）	（2.78）	（3.67）	（3.70）	（3.75）	（-9.84）	（-9.79）	（-9.88）
N	2 536	2 536	2 537	2 608	2 608	2 608	2 587	2 587	2 588
chi2	1 016.834	1 015.853	1 024.021	660.432	662.691	688.808	598.636	626.751	665.481
Prob > chi2	0.000	0.000	0.000	0.000	0.000	0.000	0.000	0.000	0.000

注：本表的被解释变量为技术创新能力，样本时间为2007～2012年，共6年；括号中为p值，*表示0.1的显著性水平，**表示0.05的显著性水平，***表示0.01的显著性水平。

6.4.3 技术创新能力对中小企业绩效的影响分析

1. 创新资源投入能力对研究开发能力的影响

创新资源的投入越多是否中小企业的研究开发能力就越强呢？为此，我们利用数量模型(3)对此问题进行分析。如表6.16模型(1)所示，研发强度(RDI)和科技人力资本投入强度对发明专利都具有显著的正向影响(p-value<0.01)；模型(2)可知研发强度(RDI)对实用新型具有正向影响但不显著(p-value>0.1)，科技人力资本投入强度对实用新型具有正向显著影响，且回归系数为0.276(p-value<0.1)；然而模型3表明研发强度(RDI)和科技人力资本投入强度对外观设计都不具有显著正向影响(p-value>0.1)。另外从模型(1)~(3)中可以看出公司员工总数(Staff)对专利的三种形式都具有显著正向影响(p-value<0.01)。正如我们所知，实用新型和外观设计的技术含量较低，因此其核心的研究开发能力不能通过实用新型和外观设计来诠释，而发明专利是企业真正的核心竞争能力，因此，高的研发投入和高科技人力资本投入都会对研究开发能力产生正向影响，证实了H7a和H7b。

产业类型不同有可能会影响到创新资源投入对研究开发能力的影响，为此我们把企业按照行业类型进行划分，大致为高科技行业和传统行业①。从模型(4)和模型(5)中可以看出研发费用投入和科技人员资本投入对发明专利都具有显著正向影响(p-value<0.01)，高科技行业的研发费用的影响系数明显小于传统产业(1.608vs. 6.280)；而高科技行业的研发费用的影响系数要明显大于传统行业(0.657vs. 0.312)，且两者差异在5%的状态下明显显著，这一数据的分析表明我国中小企业研发费用的投入对高科技行业和传统行业都是非常重要的因素，同时研发投入资源对于高科技企业来说是非常重要的，这一分析结果更加证明了创新资源投入对研究开发能力具有显著正向影响。

表6.16 研发投入资源对中小企业研究开发能力的影响

	研究开发能力			发明专利	
	发明专利	实用新型	外观设计	高科技产业	传统产业
	(1)	(2)	(3)	(4)	(5)
RDI	2.267***	0.497	-0.499	1.608**	6.280***
	(4.05)	(0.84)	(-0.95)	(2.12)	(6.73)

① 依据国家统计局网站上对科技行业划分标准，将所属类型是化工、电子、机械、设备、医疗、生物制药及信息技术行业的企业界定为高科技产业，信息来源：http://www.stats.gov.cn/tjbz/t20061123_402369836.htm。

续表6.16

	研究开发能力			发明专利	
	发明专利	实用新型	外观设计	高科技产业	传统产业
	(1)	(2)	(3)	(4)	(5)
Tecp	0.528***	0.276*	-0.086	0.657***	0.312*
	(3.44)	(1.69)	(-0.60)	(3.03)	(1.68)
Firm size	0.215***	0.107***	-0.045	0.332***	-0.048
	(5.66)	(2.64)	(-1.28)	(5.03)	(-1.28)
Staff	0.121***	0.248***	0.217***	0.180***	0.167***
	(3.84)	(7.40)	(7.38)	(3.13)	(5.69)
yr_2008	0.167*	0.159	0.052	0.081	0.230**
	(1.81)	(1.62)	(0.61)	(0.51)	(2.04)
yr_2009	0.307***	0.342***	0.070	0.316**	0.302***
	(3.43)	(3.60)	(0.83)	(2.09)	(2.78)
yr_2010	0.249***	0.321***	0.118	0.231	0.288***
	(2.98)	(3.61)	(1.51)	(1.64)	(2.83)
yr_2011	0.343***	0.490***	0.165**	0.274*	0.433***
	(4.14)	(5.56)	(2.13)	(1.95)	(4.31)
yr_2012	0.212**	0.247**	-0.110	-0.067	0.471***
	(2.08)	(2.27)	(-1.16)	(-0.38)	(3.84)
Industry	YES	YES	YES	NO	NO
_cons	-5.508***	-3.752***	-0.049	-7.399***	0.038
	(-6.64)	(-4.25)	(-0.06)	(-6.36)	(0.05)
N	2 090	2 090	2 090	968	1 122
chi2	494.946	836.416	315.469	120.002	108.132
Prob > chi2	0.000	0.000	0.000	0.000	0.000

注:本表的被解释变量为研究开发能力,样本时间为2007~2012年,共6年;括号中为p值,*表示0.1的显著性水平,**表示0.05的显著性水平,***表示0.01的显著性水平。

2. 技术创新能力对中小企业绩效的影响

为了验证技术创新能力对中小企业绩效的影响,利用面板数据对数量模型(4)进行回归分析。由表6.17模型(1)中可以看出研发费用投入(RDI)对中小企业绩效(Tobin's Q)具有显著正向影响(p - value <0.01),模型(4)中研发费用投入(RDI)对中小企业绩效(ROA)具有显著正向影响(p - value <0.01),证实了假设H8a,表明R&D投入强度对中小企业绩效有显著正向影响;模型(2)和模型(5)中可以看出科技人力资本投入强度(Tecp)对中小企业绩效(Tobin's Q)和(ROA)具有显著正向影响(p - value <0.01),证实了假设H8b,即科技人力资本投入强度对中小企业绩效有显著正向影响。从模型(3)和模型(6)中可以看出,发明专利申请数量(Patent)对Tobin's Q具有显著正向影响,影响系数为0.068(p - value <0.01),专利申请数量(Invention)对ROA具有正向影响,影响系数为0.002(p - value <0.1),结果证实了H9,研发发展能力(发明专利申请数量)对中小企业绩效有正向影响。另外一个有趣的结果表明实用新型(Utility)对中小企业绩效均具有正向影响。但不显著;而外观设计对中小企业绩效根本没有显著影响,中小企业研发能力的发展需要技术发明的真正创新,而不是表面的简单的外观设计和实用新型等形式数量上的增长。

表6.17 技术创新能力对中小企业绩效的影响

	Tobin's Q			ROA		
	(1)	(2)	(3)	(4)	(5)	(6)
RDI	2.371***			0.020*		
	(4.45)			(1.92)		
Tecp		1.133***			0.037***	
		(6.73)			(5.34)	
Invention			0.068***			0.002*
			(2.70)			(1.79)
Utility			0.003			0.001
			(0.12)			(0.95)
Appearance			-0.058			-0.000
			(-1.29)			(-0.28)
$Growth_{it}$	0.398***	0.363***	0.413***	0.055***	0.055***	0.056***
	(4.60)	(4.16)	(4.68)	(18.38)	(18.14)	(18.38)
$Firmsize_{it}$	-0.284***	-0.292***	-0.306***	0.012***	0.012***	0.011***
	(-7.69)	(-7.56)	(-8.02)	(7.48)	(7.85)	(6.86)
Lev_{it}	0.211	0.149	0.155	-0.130***	-0.130***	-0.130***
	(1.43)	(0.98)	(1.04)	(-21.65)	(-21.32)	(-21.67)

续表6.17

	Tobin's Q			ROA		
	(1)	(2)	(3)	(4)	(5)	(6)
$Firmage_{it}$	0.019***	0.019***	0.018***	0.001***	0.001***	0.001***
	(3.89)	(3.62)	(3.61)	(2.98)	(3.02)	(2.92)
yr_2008	-0.842***	-0.871***	-0.846***	-0.006**	-0.007**	-0.007**
	(-8.90)	(-9.31)	(-8.88)	(-2.06)	(-2.36)	(-2.16)
yr_2009	0.120	0.115	0.127	0.001	0.000	0.001
	(1.28)	(1.23)	(1.34)	(0.30)	(0.01)	(0.19)
yr_2010	0.527***	0.535***	0.539***	-0.010***	-0.011***	-0.011***
	(5.74)	(5.88)	(5.84)	(-3.32)	(-3.65)	(-3.51)
yr_2011	-0.292***	-0.291***	-0.288***	-0.019***	-0.020***	-0.020***
	(-3.19)	(-3.19)	(-3.11)	(-5.82)	(-6.21)	(-6.07)
yr_2012	-0.621***	-0.585***	-0.617***	-0.023***	-0.025***	-0.024***
	(-6.60)	(-6.18)	(-6.47)	(-7.02)	(-7.26)	(-7.11)
_cons	7.174***	7.287***	7.679***	-0.164***	-0.186***	-0.146***
	(8.09)	(7.91)	(8.44)	(-4.37)	(-4.85)	(-3.84)
N	2 133	2 064	2 112	2 133	2 064	2 112
chi2	1 043.328	1 028.676	1 027.921	1 054.134	1 071.271	1 056.233
Adj. R2	0.319	0.329	0.328	0.262	0.268	0.266

注:本表的被解释变量为Tobin's Q和ROA,样本时间为2007年至2012年,共6年;括号中为p值,*表示0.1的显著性水平,**表示0.05的显著性水平,***表示0.01的显著性水平。

不同行业类型的技术创新能力对中小企业绩效会产生不同程度的影响,为了进一步研究是否技术创新能力仅仅是对一些行业有帮助,而对一些行业没有影响,本书依然按照行业类型细分成高科技产业和传统产业。

由表6.18模型(1)和模型(4)可以对比看出,高科技行业的研发投入强度(RDI)对中小企业绩效(Tobin's Q)要明显大于传统行业研发投入强度(RDI)的影响(2.790vs. 0.755),通过进行两个方程系数的T检验,两者的差异在1%的状态下显著;由模型(2)和模型(5)对比可以看出高科技行业的科技人力资本投入强度(Tecp)对中小企业绩效(Tobin's Q)要明显大于传统行业科技人力资本投入强度(Tecp)的影响(1.400vs. 0.431),通过进行两个方程系数的T检验,两者的差异在5%的状态下显著;由模型(3)和模型(6)对比可以看出高科技行业的研究开发能力(Invention)对中小企业绩效(Tobin's Q)要大于传统行业研究开发能力(Invention)的影响(0.104vs. 0.093),但差异不明显。Hall 等(2008)通过意大利企业数据发现产品创新和工艺创新对所有企业、高科技企业和非高科技企业的生产率均有显著正影响,与本书研究结论相似。

表 6.18 不同行业特征下技术创新能力对中小企业绩效(Tobin's Q)的影响差异性分析

	高科技行业			传统行业		
	(1)	(2)	(3)	(4)	(5)	(6)
RDI	2.790***			0.755*		
	(3.58)			(1.95)		
Tecp		1.400***			0.431**	
		(5.70)			(2.23)	
Invention			0.104**			0.093***
			(2.49)			(3.31)
Utility			0.086**			-0.016
			(2.19)			(-0.62)
Appearance			-0.033			-0.055
			(-0.66)			(-1.25)
$Growth_{it}$	0.657***	0.540***	0.672***	0.214**	0.205**	0.216**
	(4.45)	(3.64)	(4.50)	(2.26)	(2.14)	(2.24)
$Firm\ size_{it}$	-0.334***	-0.343***	-0.353***	-0.234***	-0.241***	-0.243***
	(-4.93)	(-4.95)	(-5.04)	(-6.15)	(-6.01)	(-6.38)
Lev_{it}	-0.325	-0.267	-0.367	0.203	0.116	0.225
	(-1.17)	(-0.94)	(-1.31)	(1.36)	(0.75)	(1.51)
$Firmage_{it}$	0.034***	0.030***	0.030***	0.010*	0.013**	0.011**
	(3.75)	(3.12)	(3.29)	(1.86)	(2.24)	(1.97)
_cons	8.856***	8.924***	9.428***	6.445***	6.550***	6.609***
	(6.47)	(6.37)	(6.71)	(8.38)	(8.08)	(8.62)
N	977	947	974	1156	1118	1138
chi2	439.830	450.121	431.786	466.131	453.732	482.516
Adj. R2	0.330	0.339	0.331	0.338	0.347	0.347

注:本表的被解释变量为 Tobin's Q,样本时间为 2007~2012 年,共 6 年;括号中为 p 值,*表示 0.1 的显著性水平,**表示 0.05 的显著性水平,***表示 0.01 的显著性水平。

6.4.4 技术创新能力的中介作用分析

正如我们所知,中小企业的发展离不开技术创新能力的提升,中小企业家对资源的配置能力决定着异质性资源效用的发挥,企业家所掌握的社会资源会影响到技术创新行为,企业家社会资本有可能会通过技术创新能力对中小企业绩效产生影响。为此,我们以技术创新能力为中介变量对企业家社会资本的中介效应进行检验。中介作用的判定需要对四个条件进行分析(温忠麟等,2004;陈晓萍等,2008):第一,对自变量与中介变量进行回归分析,其回归系数达到显著水平;第二,对自变量与因变量进行回归分析,其回归系数达到显著水平;第三,对中介变量与因变量进行回归分析,其回归系数达到显著水平;第四,对同时对中介变量和自变量进行回归,其中中介变量回归系数达到显著水平,自变量的回归系数减少。此时当自变量的回归系数仍然达到显著水平时,说明中介变量起部分中介作用。而当自变量的回归系数减少到不显著水平时,则表明为完全中介作用。依据上述中介原理,依次进行以下分析。

为了验证技术创新能力对企业家社会资本与中小企业绩效影响的中介作用,本书利用数量模型(5)对中介作用进行分析。根据上述分析,发现政治关联对 R&D 投入能力没有显著正向影响,因此根据中介条件可以判定 R&D 投入能力在政治社会资本与中小企业绩效关系中没有起到中介作用,假设 10a 不成立;商业协会关系对科技人力资本和研发投入强度没有显著正向影响,因此科技人力资本和研发投入强度在商业协会关系与中小企业绩效关系中起不到中介作用,假设 11a 和假设 12b 不成立。同时,通过对上述回归结果的分析表明,科技人力资本投入强度对政治关联和技术协会关系的回归系数达到了显著水平;研发投入强度对技术协会关系的回归系数达到了显著水平;研究开发能力对企业家社会资本的三个变量都达到了显著水平,故把技术创新能力作为中介条件的判定条件可以进行验证。表 6.19a 呈现了技术创新能力对"企业家社会资本 - 中小企业绩效"的中介作用的回归结果,由模型(1)和模型(2)分别可以看出,把技术研究投入强度(Tecp)和研究开发能力(Invention)作为中介变量引入方程中,政治关联对中小企业绩效(Tobin's Q)的回归系数均为正(P - value < 0.01),加入科技人力资本投入强度时 POL 的回归系数由 0.308 减小为 0.297,表明能够通过科技人力资本投入强度的中介作用影响中小企业绩效,假设 H10b 成立,然而当加入研究开发能力(Invention)时,政治关联的影响系数并没有明显减小(0.308vs 0.307, P - value > 0.1),假设 H10c 不成立;再将研究开发能力(Invention)引入模型(3)中,商业协会关系的回归系数为正,且回归系数由0.307变成 0.303,影响系数明显减小,说明研究开发能力在商业协会关系和中小企业绩效之间起到部分中介作用,假设 H11c 成立;从模型(4)至模型(6)依次可以看出,在引入技术创新能力三个变量后,技术协会关系对中小企业绩效的回归系数也均为正,且技术协会关系对中小企业绩效的影响系数从 0.261 分别减小到

0.243,0.253 和 0.250,说明技术创新能力作为中介变量能够起到中介作用,假设 12a、假设 12b 和假设 12c 均成立。

表 6.19a 技术创新能力的中介作用(Tobin's Q)

	Tobin's Q					
	(1)	(2)	(3)	(4)	(5)	(6)
POL	0.297***	0.307***				
	(6.66)	(6.98)				
BAN			0.303***			
			(6.79)			
TAN				0.243***	0.253***	0.250***
				(5.46)	(5.78)	(5.61)
Tecp	1.126***			1.130***		
	(6.80)			(6.79)		
RDI					2.224***	
					(4.20)	
Invention		0.051**	0.045**			0.040*
		(2.35)	(2.06)			(1.80)
$Growth_{it}$	0.371***	0.406***	0.425***	0.372***	0.396***	0.407***
	(4.25)	(4.64)	(4.85)	(4.24)	(4.57)	(4.64)
$Firm\ size_{it}$	-0.305***	-0.326***	-0.316***	-0.289***	-0.285***	-0.307***
	(-8.04)	(-8.70)	(-8.47)	(-7.60)	(-7.79)	(-8.18)
Lev_{it}	0.227	0.253*	0.176	0.181	0.252*	0.208
	(1.50)	(1.71)	(1.19)	(1.20)	(1.71)	(1.40)
$Firmage_{it}$	0.017***	0.017***	0.018***	0.018***	0.019***	0.018***
	(3.35)	(3.50)	(3.55)	(3.50)	(3.94)	(3.61)
_cons	7.552***	8.054***	7.818***	7.236***	7.186***	7.689***
	(8.35)	(9.02)	(8.77)	(7.98)	(8.19)	(8.58)
N	2 059	2 109	2 109	2 060	2 128	2 110
chi2	1 096.643	1 091.829	1 088.083	1 074.951	1 092.760	1 066.917
Adj. R2	0.332	0.331	0.328	0.330	0.321	0.327

注:本表的被解释变量为 Tobin's Q,样本时间为 2007~2012 年,共 6 年;括号中为 p 值,*表示 0.1 的显著性水平,**表示 0.05 的显著性水平,***表示 0.01 的显著性水平。

同时,本书利用 ROA 作为解释中小企业绩效的变量对上述假设进行分析,得到相似结果,见表 6.19b。

表 6.19b　技术创新能力的中介作用(ROA)

	ROA					
	(1)	(2)	(3)	(4)	(5)	(6)
POL	0.007***	0.008***				
	(4.17)	(4.58)				
BAN			0.005***			
			(3.27)			
TAN				0.006***	0.006***	0.005***
				(3.56)	(3.61)	(3.25)
Tecp	0.034***			0.034***		
	(4.90)			(5.00)		
RDI					0.017*	
					(1.84)	
Invention		0.002***	0.002***			0.002**
		(2.82)	(2.76)			(2.57)
$Growth_{it}$	0.054***	0.055***	0.056***	0.054***	0.054***	0.055***
	(17.45)	(17.96)	(18.10)	(17.48)	(17.80)	(17.98)
Firm size	0.012***	0.010***	0.010***	0.012***	0.011***	0.010***
	(7.29)	(6.30)	(6.47)	(7.51)	(7.04)	(6.50)
Lev	-0.124***	-0.123***	-0.125***	-0.125***	-0.124***	-0.124***
	(-20.31)	(-20.55)	(-20.87)	(-20.44)	(-20.61)	(-20.64)
Firm age	0.001***	0.001***	0.001***	0.001***	0.001***	0.001***
	(2.88)	(2.89)	(2.92)	(2.97)	(2.98)	(2.96)
_cons	-0.167***	-0.128***	-0.134***	-0.173***	-0.151***	-0.134***
	(-4.40)	(-3.41)	(-3.58)	(-4.57)	(-4.04)	(-3.57)
N	2 059	2 109	2 109	2 060	2 128	2 110
chi2	1 039.463	1 038.271	1 022.667	1 031.372	1 013.139	1 019.674
Adj. R2	0.250	0.251	0.247	0.248	0.244	0.249

注:本表的被解释变量为 ROA,样本时间为 2007~2012 年,共 6 年;括号中为 p 值,*表示0.1 的显著性水平,**表示 0.05 的显著性水平,***表示 0.01 的显著性水平。

6.4.5 制度环境的调节效应分析

本节将从区域分布特征和地区市场化进程两个方面研究制度环境的调节作用。正如我们所知,我国各地的政治经济发展水平存在较大的不平衡性,在较为发达的东部地区,其市场化进程较为完善,市场的交易制度成本相对较低;而中西部地区的中小企业由于信息不对称,企业彼此的选择与技术合作也存在更多困难。为了验证假设13a~13c,按照公司注册地址的标准把公司的地域特征分为东部、中部和西部三个区域,其中东部地区包括北京、天津、河北、辽宁、上海、江苏、浙江、广东、福建、山东、海南共11个省市,中部地区包括山西、黑龙江、吉林、安徽、江西、河南、湖南、湖北共8个省市,西部地区包括内蒙古、广西、四川、重庆、贵州、云南、西藏、陕西、甘肃、青海、宁夏、新疆共12个省市。定义三个虚拟变量 $East_{it}$, $Center_{it}$, $West_{it}$,如果公司注册地址位于东部,则 $East_{it}$ 取1,否则为0;公司注册地址位于中部,则 $Center_{it}$ 取1,否则为0;公司注册地址位于西部,则 $West_{it}$ 取1,否则为0。

如表6.20所示,通过模型(1)、模型(4)和模型(7)分别反映出不同区域的企业家政治关联对中小企业绩效(Tobin's Q)的影响,可以看出,无论是东部、中部、西部社会关系对中小企业公司价值都具有显著的正影响($p-value<0.1$),进一步验证了假设1,并且利用方程间系数差异检验,发现中部($\beta=0.009$, $p-value<0.01$)和西部地区政治关联($\beta=0.013$, $p-value<0.01$)对中小企业绩效的影响系数明显大于东部地区($\beta=0.007$, $p-value<0.01$),这一结果表明政治关联对东部地区中小企业绩效的影响要明显小于其他地区,假设13a成立。模型(2)反映出东部地区商业协会关系对中小企业绩效的影响系数为0.0094,且明显显著($p-value<0.01$),模型(5)呈现了中部地区商业协会关系对中小企业绩效的影响系数为0.004($p-value<0.1$),模型(8)反映出西部地区商业协会关系对中小企业绩效具有正向影响,但不显著($\beta=0.001$, $p-value>0.1$),同样采用方程间系数差异性检验发现,东部地区商业协会对中企业绩效的影响要明显大于其他地区,假设13b成立。由模型(3)、模型(6)和模型(9)可以看出,东部地区企业家拥有技术协会关系对中小企业绩效具有明显显著正向影响($\beta=0.007$, $p-value>0.1$),而在中部和西部地区具有正向影响,但都不显著,因此可以判断东部地区技术协会关系对中企业绩效的影响要明显大于其他地区,假设13c成立。

表6.20 区域差异分析

	东部			中部			西部		
	(1)	(2)	(3)	(4)	(5)	(6)	(7)	(8)	(9)
POL	0.007***			0.009*			0.013**		
	(3.46)			(1.89)			(2.33)		

续表 6.20

	东部			中部			西部		
	(1)	(2)	(3)	(4)	(5)	(6)	(7)	(8)	(9)
BAN		0.009 4***			0.004*			0.001	
		(1.88)			(1.77)			(0.10)	
TAN			0.007**			0.004			0.003
			(2.06)			(1.49)			(1.44)
$Growth_{it}$	0.058***	0.058***	0.058***	0.046***	0.048***	0.047***	0.043***	0.043***	0.044***
	(16.51)	(16.50)	(16.44)	(4.96)	(5.17)	(5.03)	(5.12)	(5.02)	(5.13)
$Firmsize_{it}$	0.012***	0.012***	0.012***	0.015***	0.016***	0.015***	0.001	0.002	0.001
	(6.48)	(6.65)	(6.69)	(3.13)	(3.33)	(3.07)	(0.10)	(0.31)	(0.25)
Lev_{it}	-0.129***	-0.131***	-0.130***	-0.124***	-0.127***	-0.124***	-0.110***	-0.112***	-0.110***
	(-18.85)	(-19.12)	(-19.02)	(-6.75)	(-6.96)	(-6.73)	(-5.53)	(-5.60)	(-5.53)
$Firmage_{it}$	0.001**	0.001***	0.001**	0.001	0.001	0.001	0.000	0.000	0.000
	(2.54)	(2.58)	(2.55)	(1.19)	(1.21)	(1.35)	(0.11)	(0.45)	(0.45)
constant	-0.169**	-0.176**	-0.176**	-0.206**	0.010	0.030	0.020	0.145	0.144
	(-4.03)	(-4.18)	(-4.19)	(-2.06)	(0.07)	(0.08)	(0.09.)	(1.24)	(1.23)
Industry	Yes	Yes	Yes	Yes	Yes	Yes	Yes	Yes	Yes
YEAR	Yes	Yes	Yes	Yes	Yes	Yes	Yes	Yes	Yes
N	2 012	2 012	2 012	352	352	352	262	262	262
Adj. R2	0.278	0.274	0.275	0.221	0.210	0.219	0.284	0.260	0.268

注：本表的被解释变量为 Tobin's Q，样本包括 2007 年至 2012 年，共 6 年；括号中为 p 值，* 表示 0.1 的显著性水平，** 表示 0.05 的显著性水平，*** 表示 0.01 的显著性水平。

其次，利用层级回归模型进行数据分析（Hierarehical Regression Model），对市场化进程的调节效应进行验证。根据层级回归模型原理，当在回归系数显著不为零的状态时，自变量和调节变量具有交互效应，且能够影响因变量：在交互系数为正并且显著时，调节变量对因变量和自变量的关系具有正向调节效应；反之，具有负向调节效应。为了验证市场化进程和自变量之间的交互关系，本书把企业家社会资本与市场化进程程度相乘，得到交互项。回归结果如表 6.21 所示，由模型(1)可以看出，POL 对 ROA 的影响系数为 0.024（p - value < 0.1），表明政治关联对中小企业绩效（ROA）有正向影响，且 POL 与 Environment 的交乘项对 ROA 具有负向显著影响（$\beta = -0.002$，p - value <0.1），表明 Environment

的得分越低，市场化进程较低的地区，政治关联对中小企业绩效（ROA）的影响越大；由模型 4 可以看出，POL 与 Environment 的交乘项对 Tobin's Q 具有负向显著影响（$\beta = -0.036$，$p-value < 0.1$），进一步说明市场化进程越低的地区，政治关联对中小企业绩效（Tobin's Q）的影响越大，从而验证了 H14a。从模型（2）和模型（5）中可以看出商业协会关系与市场化进程交互系数为负数，表明市场化进程越低的地区，商业协会关系对中小企业绩效的影响越大，但不显著，H14b 不成立。从模型（3）和模型（6）中可以看出技术协会关系与市场化进程交互系数为负数，表明市场化进程越低的地区，技术协会关系对中小企业绩效的影响越大，但不显著，H14c 不成立。

表 6.21　市场化进程的调节作用

	ROA			Tobin's Q		
	（1）	（2）	（3）	（4）	（5）	（6）
POL	0.024*			0.643*		
	（1.87）			（1.82）		
BAN		0.009*			0.408*	
		（1.79）			（1.80）	
TAN			0.010*			0.574*
			（1.74）			（1.76）
Environment	−0.001	−0.002	−0.001	−0.022	−0.004	−0.051
	（0.22）	（1.34）	（0.78）	（0.73）	（0.15）	（1.51）
POL * Environment	−0.002*			−0.036*		
	（1.79）			（1.86）		
BAN * Environment		−0.001			−0.011	
		（0.27）			（0.25）	
TAN * Environment			−0.000			−0.089
			（0.24）			（0.14）
$Growth_{it}$	0.054***	0.055***	0.054***	0.389***	0.409***	0.398***

续表 6.21

	ROA			Tobin's Q		
	(1)	(2)	(3)	(4)	(5)	(6)
	(17.69)	(17.88)	(17.76)	(4.49)	(4.72)	(4.59)
Firm $size_{it}$	0.011***	0.011***	0.011***	-0.311***	-0.303***	-0.295***
	(6.83)	(7.01)	(7.00)	(-8.42)	(-8.23)	(-7.98)
Lev_{it}	-0.124***	-0.126***	-0.125***	0.244*	0.168	0.175
	(-20.73)	(-21.07)	(-20.75)	(1.66)	(1.14)	(1.19)
$Firmage_{it}$	0.001***	0.001***	0.001***	0.018***	0.018***	0.019***
	(2.93)	(3.01)	(3.01)	(3.58)	(3.69)	(3.76)
_cons	-0.141***	-0.135***	-0.138***	7.510***	7.574***	7.948***
	(-3.59)	(-3.43)	(-3.45)	(8.03)	(8.14)	(8.35)
N	2 127	2 127	2 128	2 127	2 127	2 128
chi2	1 030.555	1 016.197	1 013.265	1 086.752	1 083.407	1 071.984
Adj. R2	0.247	0.243	0.245	0.328	0.324	0.324

注：本表的被解释变量为 Tobin's Q 和 ROA，样本时间为 2007～2012 年，共6 年；括号中为 p 值，* 表示 0.1 的显著性水平，** 表示 0.05 的显著性水平，*** 表示 0.01 的显著性水平。

6.4.6　进一步分析

对于企业家社会资本，本书研究的结果有可能受到由“双向因果”而引起的内生性问题影响：一方面，企业家拥有社会资本能够给中小企业带来各种利益和好处，从而有助于提升其企业绩效；另一方面，中小企业的绩效越好，企业家越有动力和能力去建立自己的社会资本。对于解决内生性问题，传统的方法是寻找工具变量来解决。由于企业家社会资本在建立之初有可能不会立刻给企业带来各种收益，可能会存在时间上的滞后性问题，因此，我们可以将企业家社会资本变量滞后一期，将其作为企业家社会资本的代理变量，对上述结论进行稳健性检验，就可以克服这种“双向因果”问题，从而更加稳健地说明问题。如表 6.22 所示，滞后一期的企业家社会资本（政治关联、商业协会关系、技术协会关系）对中小企业绩效具有明显的正向影响（$p-value < 0.01$）。

表 6.22 企业家社会资本(滞后一期)对中小企业绩效的影响研究

	Tobin's Q			ROA		
	(1)	(2)	(3)	(4)	(5)	(6)
POL_{t-1}	0.278***			0.005***		
	(5.83)			(2.90)		
MBN_{t-1}		0.230***			0.006***	
		(4.62)			(2.84)	
MTN_{t-1}			0.198***			0.004**
			(4.12)			(1.98)
$Firm\ size_{it}$	-0.299***	-0.298***	-0.294***	0.009***	0.009***	0.009***
	(-7.91)	(-7.84)	(-7.75)	(5.84)	(5.83)	(5.86)
Lev_{it}	0.096	0.052	0.066	-0.121***	-0.122***	-0.122***
	(0.63)	(0.34)	(0.43)	(-19.29)	(-19.41)	(-19.31)
$Firmage_{it}$	0.017***	0.017***	0.018***	0.001***	0.001***	0.001***
	(3.24)	(3.36)	(3.52)	(2.81)	(2.86)	(2.94)
$Growth_{it}$	0.351***	0.356***	0.343***	0.052***	0.052***	0.051***
	(3.89)	(3.94)	(3.79)	(16.25)	(16.30)	(16.13)
_cons	7.060***	7.059***	6.957***	-0.130***	-0.129***	-0.131***
	(7.25)	(7.23)	(7.12)	(-3.02)	(-3.00)	(-3.04)
Industry	YES	YES	YES	YES	YES	YES
YEAR	YES	YES	YES	YES	YES	YES
N	1 917	1 917	1 917	1 917	1 917	1 917
chi2	1 057.488	1 037.970	1 031.268	893.527	891.676	884.003
Adj. R2	0.397	0.397	0.392	0.454	0.453	0.452

注:本表的被解释变量为 Tobin's Q 和 ROA,样本时间为 2007~2012 年,共 6 年;括号中为 p 值,* 表示 0.1 的显著性水平,* * 表示 0.05 的显著性水平,* * * 表示 0.01 的显著性水平。

我们也借鉴刘圻和杨德伟(2012)等人的观点,进一步按照实际控制人,董事长或总经理社会关系的强弱程度进行赋值,具体赋值标准为:没有政治关联的取 0,如果是县人大代表、政协委员或科局级官员赋值 1,是市人大代表、政协委员或县处级官员赋值 2,是省人大代表、政协委员或地厅级官员赋值 3,是全国人大代表、全国政协委员或省部级及以上高官赋值 4。商业协会关系是指企业家现担任各种企业家联合会和商会等组织成员(如工商联合会、民间商会)取 1,否则为0;同时,对企业家的商业协会的强弱程度进行赋值,具体赋值标准为:没有商业协会经历的取0,县、区级赋值1,市级商会赋值2,省级商会赋值3,国家级商会赋值4。企业家在行业协会任职是扩展其社会关系网络的渠道之一,进而拓展其处事能量,影响其信心。如果企业家现担任各种技术协会(诸如机械、电子技术、化学、纺织、生物和医学等)组织成员、理事、理事长或专家委员会成员,则认为该企业家具有行业协会关系,取值为1 ,否则为0;同时根据企业家行业协会的级别分为国家级、省级、市级、县级分别赋值4,3,2,1,分析结果与表6.13相似(故略去)。

此外,在我们分析过程中发现,企业家社会资本的不同维度对研发投入强度的变现能力不尽相同,那么,企业家社会资本作为一种稀缺资源,是不是具有该资源的企业能够获取政府更多的研发投入补贴呢?在中小企业板上市公司的年报中,会公布当年企业发生的非正常损益情况,其中有一项为政府补助。这个数值是当年该企业所获得的非国家规定的持续享受补助,即地方政府可以自由决定给予的非经常性的财政补贴,补助的名目也非常多样,本书通过手工查询、收集与研发相关的政府补贴,诸如企业创新基金、中小企业发展专项基金、信息化建设专项资金、产业升级补助金、上市奖励金等。

令 Subsidy = In(subsidy +1)。

构建数学模型,由于中小企业不是每年都会由政府补助,因此,Subsidy 有很多是0 的状况,因此通过 Tobit 面板方法实证分析企业家社会资本对政府研发补贴的影响,如表6.23 所示,由模型(1)和模型(2)可以看出企业家当年具有政治关联以及上一年具有政治关联都会对企业获取政府研发补助具有显著正向影响,且如果上一年拥有政治关联,则其影响程度要大于当年政治关联的影响程度;由模型(3)和模型(4)可以发现企业家具有的商业协会关系对企业获取政府研发补贴具有显著正向影响,由模型(5)和模型(6)亦发现企业家具有技术协会关系对企业获取政府补贴具有显著正向影响,并且上一年的影响系数要大于当年影响系数。可以说明一个问题,尽管拥有政治关联对企业获取研发补贴具有显著正向影响,但政治关联对研发投入强度没有显著正向影响,这在一定程度上表明,拥有政治关联的企业在获取政府研发投资中,没有把研发补贴资金用于研发投入上,有可能花费在其他方面。

表6.23　企业家社会资本对中小企业获取政府研发补贴的影响研究

	政府研发补贴(Government Subsidy)					
	(1)	(2)	(3)	(4)	(5)	(6)
POL	0.088**					
	(2.17)					

续表 6.23

	政府研发补贴(Government Subsidy)					
	(1)	(2)	(3)	(4)	(5)	(6)
POL_{t-1}		0.108**				
		(2.10)				
MBN			0.085**			
			(2.03)			
MBN_{t-1}				0.093*		
				(1.72)		
MTN					0.098**	
					(2.43)	
MTN_{t-1}						0.118**
						(2.31)
Firm $size_{it}$	-0.131***	-0.122***	-0.132***	-0.124***	-0.128***	-0.122***
	(-4.64)	(-3.47)	(-4.67)	(-3.52)	(-4.55)	(-3.46)
Firm age_{it}	0.002	0.004	0.002	0.004	0.002	0.004
	(0.51)	(0.75)	(0.54)	(0.80)	(0.57)	(0.84)
_cons	4.092***	4.532***	4.098***	4.574***	4.035***	4.517***
	(5.71)	(4.91)	(5.72)	(4.94)	(5.64)	(4.89)
Industry	YES	YES	YES	YES	YES	YES
YEAR	YES	YES	YES	YES	YES	YES
N	2 608	1 917	2 608	1 917	2 609	1 918
chi2	150.189	106.556	149.557	105.047	151.457	107.635
Prob > chi2	0.000	0.000	0.000	0.000	0.000	0.000

注:本表的被解释变量为 Tobin's Q 和 ROA,样本时间为 2007 ~2012 年,共 6 年;括号中为 p 值,* 表示 0.1 的显著性水平,** 表示 0.05 的显著性水平,*** 表示 0.01 的显著性水平。

6.5　实证结果讨论

6.5.1　研究假设结果的总结

本章为实证分析及假设检验部分，采用了描述性统计分析、相关分析、多元回归分析等统计方法，对前文理论部分所提出的企业家社会资本、技术创新能力与中小企业绩效的概念模型进行了检验。通过回归结果，我们发现大多数假设都得到了证实，假设验证具体情况如表 6.24 所示，本书结合我国中小企业实际经营的情况对假设检验的结果进行了讨论。

表 6.24　假设检验结果

假　设	结论
研究层次一：企业家社会资本与中小企业绩效的关系假设	
H1：政治关联对中小企业绩效有正向影响	支持
H2：商业协会关系对中小企业绩效有正向影响	支持
H3：技术协会关系对中小企业绩效有正向影响	支持
研究层次二：技术创新能力对“企业家社会资本 - 企业绩效”关系中介作用相关假设	
企业家社会资本与技术创新能力的关联假设	
H4a：政治关联对 R&D 投入强度有正向影响	不支持
H4b：政治关联对科技人力资本投入强度有正向影响	支持
H4c：政治关联对研发发展能力有正向影响	支持
H5a：商业协会关系对 R&D 投入强度有正向影响	不支持
H5b：商业协会关系对科技人力资本投入强度有正向影响	不支持
H5c：商业协会关系对研发发展能力有正向影响	支持
H6a：技术协会关系对 R&D 投入强度有正向影响	支持
H6b：技术协会关系对科技人力资本投入强度有正向影响	支持
H6c：技术协会关系对研发发展能力有正向影响	支持
技术创新能力对中小企业绩效影响的关联假设	
H7a：R&D 投入强度对研发发展能力有正向影响	支持
H7b：科技人力资本投入强度对研发发展能力有正向影响	支持

续表 6.24

假 设	结论
H8a:R&D 投入强度对中小企业绩效有正向影响	支持
H8b:科技人力资本投入强度对中小企业绩效有正向影响	支持
H9: 研发发展能力对中小企业绩效有正向影响	支持
技术创新能力的中介作用	
H10a:R&D 投入能力在政治社会资本与中小企业绩效关系中起到中介作用	不支持
H10b:科技人员能力在政治社会资本与中小企业绩效关系中起到中介作用	支持
H10c:研发发展能力在政治社会资本与中小企业绩效关系中起到中介作用	不支持
H11a:R&D 投入能力在商业协会关系与中小企业绩效关系中起到中介作用	不支持
H11b:科技人力资本在商业协会关系与中小企业绩效关系中起到中介作用	不支持
H11c:研发发展能力在商业协会关系与中小企业绩效关系中起到中介作用	支持
H12a:R&D 投入能力在技术协会关系与中小企业绩效关系中起到中介作用	支持
H12b:科技人力资本在技术协会关系与中小企业绩效关系中起到中介作用	支持
H12c:研发发展能力在技术协会关系与中小企业绩效关系中起到中介作用	支持
研究层次三:制度环境的调节作用	
Hl3a:企业位于东部地区,政治关联对中小企业绩效的影响小于其他地区	支持
Hl3b:企业位于东部地区,商业协会关系对中企业绩效的影响大于其他地区	支持
Hl3c:企业位于东部地区,技术协会关系对中企业绩效的影响大于其他地区	支持
Hl4a:市场化进程对政治关联与中小企业绩效间具有正向调节作用	支持
Hl4b:市场化进程对商业协会关系与中小企业绩效间具有正向调节作用	不支持
Hl4c:市场化进程对技术协会关系与中小企业绩效间具有正向调节作用	不支持

6.5.2 企业家社会资本对中小企业绩效的作用分析

企业家作为企业与社会环境的关键节点,其社会资本在企业的运营过程中有着不可替代的作用,本书利用企业家最常见的三种社会关系进行分析,表明政治关联、商业协会关系以及技术协会关系都会对中小企业绩效产生显著正向影响,中小企业家个体的这些社会网络能够帮助企业提供重要的信息资源,并且企业家所拥有的正式和非正式社会网络都会对中小企业绩效产生积极影响,假设1至假设3得到了验证。无论对于国有企业还是民营企业,企业家社会资本都会产生积极的正向影响,并且具有政治关联的国有企业的影响相对比具有政治关联的民营企业影响程度更大(0.363vs. 0.262),具有商业协会关系的民营企业的影响相对比具有商业关系的国有企业影响程度更大(0.272vs. 0.336),具有技术协会关系的民营企业的影响相对比具有技术关系的国有企业影响程度更大(0.210vs. 0.457),这种结果更加证实了我们的猜想,政治关联对于国有企业和民营企业都具有正向显著影响,国有企业政治关联的作用更加强烈,这有可能是国有企业家更注重政治关联,中小企业绩效对于企业家的晋升更加有利的原因。此外,相对于国有企业来说,民营企业家的政治关联程度显然要比国有企业家的政治关联要弱,但是,民营企业家可以通过重视和利用商业协会关系和技术协会关系来获取社会资源,因此商业协会关系和技术协会关系对民营企业的影响要比国有企业明显。政治关联、商业协会和技术协会关系作为一种有价值的资源,能够为中小企业带来诸多好处,尤其是在我国经济转型过程中,由于缺乏有效的权利制约,政府依然在资源配置中起到非常重要的作用,这三种关系的正面效应会远大于负面效应,并且能够为企业带来良好的声誉和隐性资源,为中小企业获得更多的竞争优势和机会。

6.5.3　技术创新能力中介作用的讨论

社会资本能够为企业提供获取信息、知识和资源机会的社会网络关系(Maurer 和 Ebers,2006),而外部的社会网络是非常重要的,企业家社会资本能够为企业获取外部重要的信息,并从中获得创新的机会(Chesbrough 等,2006)。本节主要从创新资源投入能力和研究开发能力两个方面实证分析技术创新能力的中介作用。

首先,实证研究了企业家社会资本对技术创新能力的影响。政治关联与研究开发经费投入强度的回归系数为 0.001,具有正向影响,但不显著($p-value>0.1$),假设 H4a 不成立;政治关联对研究科技人力资本投入具有显著正向影响,假设 H4b 成立;政治关联对研究开发能力(Invention)具有正向影响,假设 H4c 成立。这一结果表明,政治关联能够为企业带来很多稀缺资源,提升企业的声誉,帮助企业吸引优秀人才。具有政治关联的中小企业可以利用专利的申请数量获取地方政府的财政补贴,但有可能就仅仅是为了获取政府补贴而进行专利申请,并没有产生真正的价值。正如肖文和林高榜(2014)研究表明,长期以来,从中央到地方各级政府都在积极鼓励企业提升技术创新能力,但是由于政府对于市场研发活动的支持存在一定的脱节,尤其是政府追求远期目标与企业追求的短期目标发生冲突的时候,政府的间接和直接支持并不利于企业技术创新效率的提升。假设 5c 成立,表明商业协会关系对研究开发能力具有显著正向影响。假设 6a,6b 和 6c 成立说明技术协会关系对 R&D 投入强度、科技人力资本投入强度和研究发展能力都具有正向影响。这一结果也表明,企业家社会网络可以帮助企业克服很多未知或困难,能够帮助企业家获取信息、建议以及支持,还可以帮助企业家寻找新的合作伙伴，进而提升企业影响力，企业家所拥有的技术社会资本对企业接受新事物、建立企业网络以及企业发展起到了非常重要的作用。Land 等(2012)研究结果表明企业家的社会资本可以让企业家学习到新的领域，如新的市场和技术领域，收集当前市场信息，促进企业的开放式和探索式学习，进而提升新产品绩效。企业家通过拓宽交际圈，增加对外界信息的获取途径，能够提升中小企业进行技术创新的能力。国家先后出台了很多有利于行业发展的规范信息，进一步规范行业协会和商业协会的发展，使其更好地为中小企业服务，可见行业协会和商业协会对中小企业技术创新具有一定的作用。尤其在我国经济全面深化改革的背景下，信息需要更加透明、清晰的状态下，更需要企业家建立更加广泛的社会资本。

其次，实证检验了技术创新能力对中小企业绩效影响的关联假设。创新资源投入越多，研究开发能力越强，这与 Hashi (2013)的研究结论相似，说明创新投入对创新产出具有积极的正向显著作用，投资在创新活动中积极影响创新产出。中小企业要发展就必须加大创新投入力度，真正提升企业的核心竞争力。对于高科技企业来说优秀的人才和研发费用都是非常重要的，并且优秀的人才对高科技创新企业更加重要，这一分析结果更加证明了创新资源投入对研究开发能力具有显著正向影响。R&D 投入强度和科技人力资本投入强度对中小企业绩效有正向影响，研发发展能力对中小企业绩效有正向影响，这一结果进一步证实了孙维峰和黄祖辉(2013)的研究，中国上市公司研发支出与企业绩效显著正相关，在小企业中更加显著。同时，一个非常有趣的结果表明发明专利对中小企业绩效具有显著正向影响；实用新型具有正向影响，但不显著；外观设计对中小企业绩效没有影响，可见在中小企业发展过程中发明专利是企业真正的核心竞争能力，中小企业研发能力的发展需要技术发明的真正创新，而不是表面的简单的外观设计和实用新型等形式数量上的增长。正如我们所知，实用新型和外观设计的技术含量较低，因此其核心的研究开发能力不能通过实用新型和外观设计来诠释，而应加大技术创新能力的质量，真正提升技术创新能力。

再次，科技人员能力在政治社会资本与中小企业绩效关系中起到中介作用，H10b 成立；研发发展能力在商业协会关系与中小企业绩效关系中起到中介作用，H11c 成立；R&D 投入能力在技术协会关系与中小企业绩效关系中起到中介作用，科技人员能力在技术协会关系与中小企业绩效关系中起到中介作用，研发发展能力在技术协会关系与中小企业绩效关系中起到中介作用，H12a 至 H12c 成立。总体来说，技术创新能力在技术协会关系中能够起中介作用。因此，应该加大行业协会的作用，更大地发挥其作用。行业协会是企业实现横向关系的一个纽带，有效的行业协会可以大大降低企业间交易的费用，并在必要时提供一种单个企业无能为力、具有某种外部规模经济表现的服务。企业在参与行业协会的同时,可以扩大自身与同行业企业之间的联系,获得更多的生存与发展的机会。行业协会可以提供诸如研究与开发、市场营销、论坛等服务。同时正如国务院总理李克强强调要“给企业松绑,让市场发力”。企业家通常会耗费大量资源来建立政治关联,从而忽视了能力方面的投入建设,使企业在减少政策风险的同时可能会增加市场风险,企业有可能不会专注于研发创新,而仅仅关注于短期的收益,在本书进一步分析中已经表明政治关联可以使企业更多地获得政府的研发补贴,但拥有政治关联或政治关联高的企业并没有更高的研发投入强度,这在一定程度上也说明,政治关联并没有提升企业的研究开发投入经费的强度,而政治关联度越高的企业由于其研发创新强度相对低,同时在研发成果申报市场推广等方面具有优势,使资本化研发支出越有可能,因而资本化的研发支出比重越高,即研发创新效率越高。我们知道,政治经济体制赋予政府的财力和行政处置权,企业已经具有的研发能力和维持产品品质优势的能力,以及消费群体的特征(包括消费质的偏好水平和分布情况)都将影响到企业的投资和价格策略,进而影响到企业的成长。一般来说,如果相对于市场规模,政府被赋予的财力和处置权很大,而提升和维护产品品质优势比较困难,那么,企业就可能倾向于建立政治关联而不是能力建设,尤其是当低端消费群体比例很大且对产品高品质偏好较弱时;反之,企业将更加专注于内部的能力建设,而不太热衷于与政府建立特殊的政治关联。政治关联可以帮助企业获得更多的政府补贴收入,但其技术创新投入反而少于没有政治关联的企业,政府补贴对技术创新的影响不显著;而没有政治关联的企业,政府补贴才会对技术创新产生显著的促进作用。由于政府依然是政策信息、投资等资源的主要提供者,因此在这种交易关系中,政府仍然占有主导地位。要真正把企业推向市场,就必须折断企业与政府的制度性依赖关系。要协调政府和企业之间的关系,政企必须规范互动,发展交易性的合作关系。从政府角度来看,应逐步减少直接投资和直接干预经济行为。

6.5.4 制度环境调节效应的讨论

由前文回归分析结果表明,政治关联对东部地区中小企业价值的影响要明显小于中部和西部地区的中小企业;同时,东部地区商业协会和技术协会关系对中小企业价值的影响要明显大于其他地区的中小企业。这也可以看出,企业家所在地区间具有差异性,社会资本无论对于中国中小企业板的哪个区域上市公司的,都具有显著影响,地区发达程度越高政治关联影响越小,商业协会和技术协会发挥的作用越加明显,这有可能因为,随着各地区市场化水平的发挥,导致企业建立政治关联的动机有所降低(罗党论和唐清泉,2009),而商业协会和技术协会的作用必将发挥积极的作用。同时,制度环境与企业家社会资本的交互效应模型结果表明,技术协会关系与市场化进程交互系数为负数,表明市场化进程越低的地区,技术协会关系对中小企业绩效的影响越大,但不显著,H14c 不成立。这也说明市场化进程高意味着政府对市场干预的减少,以及企业对政府的依赖。但是在市场化进程较低的地区,政府对企业的行政干预通常较为严重,企业发展所需要的稀缺资源必须更多地依赖于地方政府的扶持。可见,政治关联能够通过这种关系为企业获得更多的资源,而商业协会和技术协会这种关系对于企业从政府获取资源的影响不那么明显,这也在一定程度表明商业协会和技术协会关系不会受到当地市场化进程的影响,而是会通过其他的方式帮助企业获取资源。

6.6 本章小结

根据第4章理论模型的构建和第5章对研究方法的设定以及变量的选取设计,依据计量方法对非平衡面板数据进行实证研究,对理论部分提出的32个假设分别进行了实证检验(实证结果如表6.24)。本章主要进行了以下几部分工作:

(1)对样本企业的整体概况、企业家社会资本特征刻画以及技术创新能力等主要变量进行了描述性统计。

(2)从企业家社会资本的三个维度验证了企业家社会资本对中小企业绩效(短期盈利能力和成长能力)的影响,发现政治关联、商业协会关系以及技术协会关系对中小企业绩效均具有正向影响。

(3)以企业的技术创新能力为中介途径,对企业家社会资本对中小企业绩效影响的微观作用关系进行分析;从而分析讨论技术创新能力在企业家社会资本与中小企业绩效关联间的中介作用。

(4)采用层次回归分析,对制度环境(区域差异和市场化进程)在企业家社会资本与中小企业绩效间的负向调节作用进行了验证。

结　论

通过对企业家社会资本、技术创新能力和企业绩效的相关文献的回顾和梳理，提出企业家社会资本的概念内涵，确定研究维度，依据技术创新理论，界定本书研究的技术创新能力的内涵；结合探索性案例研究的方式引入问题，提出“企业家社会资本、技术创新能力对中小企业绩效影响研究”这一主题，分析企业家社会资本、技术创新能力与中小企业绩效的关系，并结合理论研究，提出了影响概念模型；继而采用多元统计的定量分析方法进行假设检验，对研究问题层层深入，循序渐进地分析讨论了企业家社会资本、技术创新能力对中小企业绩效的影响。具体来说，本书的创新点和研究成果如下：

(1)运用2007~2012年中国中小企业板上市公司数据实证研究了企业家政治关联、商业协会以及技术协会关系对中小企业绩效的影响。企业家作为企业与社会环境的关键节点，其社会资本在企业家的运营过程中有着不可替代的作用，本书利用企业家中最常见的三种社会关系进行分析表明，政治关联、商业协会关系以及技术协会关系都会对中小企业绩效具有显著正向影响，中小企业家个体的这些社会网络能够帮助企业提供重要的信息资源，企业家所拥有的正式和非正式社会网络都会对中小企业绩效产生积极影响；无论对于国有企业还是民营企业来说，企业家社会资本都会产生积极的正向影响，并且具有政治关联的国有企业的影响相对比具有政治关联民营企业的影响程度更大，具有商业协会关系的民营企业的影响相对比具有商业关系的国有企业影响程度更大，具有技术协会关系的民营企业的影响相对比具有技术关系的国有企业影响程度更大，这种结果更加证实了我们的猜想，政治关联对于国有企业和民营企业都具有正向显著影响，国有企业政治关联的作用更加强烈，这有可能是国有企业家更注重政治关联，中小企业绩效对于企业家的晋升更加有利的原因；此外，相对于国有企业来说，民营企业家的政治关联程度显然要比国有企业家的政治关联要弱，但是，民营企业家可以通过重视和利用商业协会关系和技术协会关系来获取社会资源，因此商业协会关系和技术协会关系的影响程度要比国有企业明显。政治关联、商业协会和技术协会关系作为一种有价值的资源，能够为中小企业带来诸多好处，尤其是在我国经济转型过程中，由于缺乏有效的权力制约，政府依然在资源配置中起到非常重要的作用，这三种关系的正面效应会远大于负面效应，并且能够为企业带来良好的声誉和隐性资源，为中小企业获得更多的竞争优势机会。

(2)从技术创新能力角度实证检验了技术创新能力发挥着部分中介作用。

首先，政治关联对中小企业研究开发经费投入具有正向影响，但不显著，对研究科技人力资本投入具有显著正向影响；政治关联对研究开发能力具有正向影响。这一结果表明，政治关联能够为企业带来很多稀缺资源，提升企业的声誉，帮助企业吸引优秀人才。具有政治关联的中小企业可以利用专利的申请数量获取地方政府的财政补贴，有可能就仅仅是为了获取政府补贴而进行专利申请，并没有产生真正的价值。正如肖文和林高榜(2014)研究表明长期以来，从中央到地方各级政府都在积极鼓励企业提升技术创新能力，但是由于政府对于市场研发活动的支持存在一定的脱节，尤其是政府追求远期目标与企业追求的短期目标发生冲突的时候，政府的间接和直接支持并不利于企业技术创新效率的提升。商业协会关系对研究开发能力具有显著正向影响，技术协会关系对R&D 投入强度、科技人力资本投入强度和研究发展能力都具有正向影响。这一结果也表明，企业家社会网络可以帮助企业克服很多未知或困难，能够帮助企业家获取信息、建议以及支持，还可以帮助企业家寻找新的合作伙伴，进而提升企业影响力，企业家所拥有的技术社会资本对企业接受新事物、建立企业网络以及企业发展起到了非常重要的作用。

其次，实证检验了技术创新能力对中小企业绩效影响的关联假设。创新资源投入越多，研究开发能力越强，这与 Hashi (2013)的研究结论相似，说明创新投入对创新产出具有积极的正向显著作用，投资在创新活动中积极影响创新产出，中小企业要发展必须加大创新投入力度，真正提升企业的核心竞争力。对于高科技企业来说优秀的人才和研发费用都是非常重要的，并且优秀的人才对高科技创新企业更加重要，这一分析结果更加证明了创新资源投入对研究开发能力具有显著正向影响；R&D 投入强度和科技人力资本投入强度对中小企业绩效有正向影响，研发发展能力对中小企业绩效有正向影响；同时，一个非常有趣的结果发现发明专利对中小企业绩效具有显著正向影响，实用新型对中小企业绩效具有正向影响，但不显著，而外观设计对中小企业绩效没有影响，可见在中小企业发展过程中发明专利是企业真正的核心竞争能力，中小企业研发能力的发展需要技术发明的真正创新，而不是表面的简单的外观设计和实用新型等形式数量上的增长。

再次，科技人员能力在政治社会资本与中小企业绩效关系中起到中介作用，研发发展能力在商业协会关系与中小企业绩效关系中起到中介作用，R&D 投入能力在技术协会关系与中小企业绩效关系中起到中介作用，科技人员能力在技术协会关系与中小企业绩效关系中起到中介作用,研发发展能力在技术协会关系与中小企业绩效关系中起到中介作用。技术创新能力在技术协会关系中起中介作用。行业协会是企业实现横向关系的一个纽带,有效的行业协会可以大大降低企业间交易的费用,并在必要时提供一种单个企业无能为力、具有某种外部规模经济表现的服务。企业在参与行业协会的同时,可以扩大与同行业企业之间的联系,获得更多生存与发展的机会。行业协会可以提供诸如研究与开发、市场营销、论坛等服务。正如国务院总理李克强强调要“给企业松绑,让市场发力”。企业家通常会耗费大量资源来建立政治关联,从而忽视了能力方面的投入建设,使企业在减少政策风险的同时可能会增加市场风险,企业有可能不会专注于研发创新,而仅仅关注于短期的收益,在本书进一步分析中已经表明政治关联可以更多地获得政府的研发补贴,但拥有政治关联或政治关联高的企业并没有更高的研发投入强度,这在一定程度上也说明,政治关联并没有提升企业的研究开发投入经费的强度,而政治关联度越高的企业由于其研发创新强度相对低,在研发成果申报市场推广等方面具有优势,使资本化研发支出越有可能,因而资本化的研发支出比重越高即研发创新效率越高。我们知道,政治经济体制赋予政府的财力和行政处置权,企业已经具有的研发能力和维持产品品质优势的能力,以及消费群体的特征(包括消费质的偏好水平和分布情况)都将影响到企业的投资和价格策略,进而影响到企业的成长。一般来说,如果相对于市场规模,政府被赋予的财力和处置权很大,而提升和维护产品品质优势比较困难,那么,企业就可能倾向于建立政治关联而不是能力建设,尤其是当低端消费群体比例很大且对产品高品质的偏好较弱时;反之,企业将更加专注于内部的能力建设,而不太热衷于与政府建立特殊的政治关联。政治关联可以帮助企业获得更多的政府补贴收入,但其技术创新投入反而少于没有政治关联的企业,政府补贴对技术创新的影响不显著;而没有政治关联的企业,政府补贴才会对技术创新产生显著的促进作用。由于政府依然是政策信息、投资等资源的主要提供者,因此在这种交易关系中,政府仍然占有主导地位。要真正把企业推向市场,就必须折断企业与政府的制度性依赖关系。要协调政府和企业之间的关系,政企必须规范互动,发展交易性的合作关系。从政府角度来看,应逐步减少直接投资和直接干预经济行为。

(3)制度环境在政治关联与中小企业绩效之间起到了负面调节,制度环境在商业协会、技术协会关系与中小企业绩效间起到了正向调节作用,政治关联对东部地区中小企业价值的影响要明显小于中部和西部地区的中小企业;东部地区商业协会和技术协会关系对中小企业价值的影响要明显大于其他地区的中小企业。这也可以看出,企业家所在地区间具有差异性,社会资本对于中国中小企业板上市公司无论哪个区域,都具有显著影响,地区发达程度越高政治关联影响越小，商业协会和技术协会发挥的作用越加明显，这有可能因为，随着各地区市场化水平的发挥，导致企业建立政治关联的动机有所降低（罗党论和唐清泉，2009），而商业协会和技术协会的作用必将发挥积极的作用。同时，由制度环境与企业家社会资本的交互效应模型结果表明，技术协会关系与市场化进程交互系数为负数，表明市场化进程越低的地区，技术协会关系对中小企业绩效的影响越大。这也说明市场化进程高意味着政府对市场干预的减少，以及企业对政府的依赖。在市场化进程较低的地区，政府对企业的行政干预通常更为严重，企业发展所需要的稀缺资源必须更多地依赖于地方政府的扶持。可见，政治关联能够通过这种关系为企业获得更多的资源，而商业协会和技术协会对于企业从政府获取资源的影响不那么明显，这也在一定程度上表明商业协会和技术协会关系不会受当地市场化进程的影响，而是会通过其他的方式帮助企业获取资源。制度环境会受到区域特征影响，同时，政治关联在制度环境中具有很明显的变化，必须增加透明度，政府可以在产业发展过程中进行宏观指导，主要的职责应该是规划引导、项目和政策引导。政府可以担当桥梁中介作用，如通过政府搭台，企业唱戏，促进企业和大专院校、科研机构建立起产、学、研的协作关系，帮助建设区域创新网络，从而加速知识产业的转化，促进中小企业创新。

附录 访谈提纲

一、企业家个人情况

1. 您的性别；
2. 您的年龄；
3. 您的民族；
4. 您的受教育经历？
5. 您的工作经历？
6. 您每天花在企业业务上的时间？

二、贵公司基本情况简介

1. 公司成立于何时？
2. 公司是什么类型企业？
3. 所处的行业类型？
4. 目前员工人数多少？
5. 公司大专以上人员人数是多少？
6. 从事产品研究和开发的人员人数多少？
7. 企业每年研发投入经费占销售额的比例是多少？
8. 贵公司的主营业务是什么？近几年的销售情况如何？
9. 贵公司的技术发展和新产品开发在业内处于什么水平？
10. 公司现在处于什么阶段(孕育阶段、创业阶段、成长阶段、成熟阶段)？

三、请介绍下您对贵公司成功起到作用的社会关系类型与程度

1. 您认识的亲戚、朋友有在政府部门工作的吗？最高的在哪一层级的？

2. 近年来，您是怎样与党政机关等工作人员建立联系的？在这个联系过程中，有没有让您印象深刻的事情？请举例说明。

3. 在企业发展过程中对企业来说，这些政治关系为企业带来哪些直接影响？

4. 对企业的技术创新能力又会产生哪些影响？从哪些方面有利、有弊，请举

例说明。(备注:技术创新能力包括内容有研发投入水平、研究开发成果、制造能力、营销能力)

5. 您是否是人大、政协委员？从什么时候开始当选？当选的原因是什么？您认为这种身份为公司带来哪些直接的影响？又会对企业的技术创新能力产生哪些影响？从哪些方面有利、有弊,请举例说明。

6. 您是否是商会成员？从什么时候开始接触商会？

7. 多长时间参加一次商会活动？这种商会关系为公司带来哪些直接影响？又会对公司的技术创新产生哪些影响？请举例说明。

8. 您是否认识银行的工作人员？从什么时候开始接触？

9. 这种关系为公司发展带来哪些直接影响？是否会对企业技术创新有影响？从哪些方面,请举例说明。

10. 您是否认识行业专家、科研机构、高校人员？从什么时候开始接触？多长时间联系一次？

11. 这种社会关系是帮助了公司还是阻碍了公司的发展呢？对企业的技术创新有哪些影响？请举例说明。

12. 您是否是技术协会的会员？从什么时候开始接触？多长时间参加一次技术活动？

13. 这种技术社会关系是帮助了公司还是阻碍了公司的发展呢？对企业的技术创新有哪些影响？请举例说明。

14. 在企业的发展过程中,您认为技术创新对企业的重要程度有多大？

15. 您认为企业技术创新最重要的影响因素是哪些？(人、财、物)

16. 这些社会关系能否真正帮助企业提升技术创新能力？

17. 哪种类型的社会关系你认为最重要？在现实生活中,又存在哪些问题？

18. 近年来,您认为本地或国家的现行法规、政策、制度环境对企业发展有何影响？

谢谢配合工作！

参 考 文 献

[1] 李光泗,沈坤荣. 技术能力、技术进步路径与创新绩效研究[J]. 科研管理, 2013,34(3):1-6.

[2] WANG Y,YAO Y. Sources of China's economic growth 1952 ~ 1999:incorporating human capital accumulation[J]. China Economic Review ,2003,14(1):32-52.

[3] GARCÍA - MANJÓN J V, ROMERO - MERINO M E. Research, development and firm growth. Empirical evidence from European top R&D spending firms[J]. Research Policy,2012,41(6):1084-1092.

[4] 盖庆恩,陈海磊,梁建. 资源、制度与研发强度:来自中国民营企业的证据[J]. 经济与管理研究,2013(4):95-105.

[5] AKCOMAK S,WEEL B T. Social capital, innovation and growth: evidence from Europe[J]. MERIT Working Papers, 2006, 40(5):544-567.

[6] 吴文华,张媛媛,禹献云. 企业家社会资本对中小企业知识吸收过程的影响[J]. 情报杂志, 2010(8):69-73.

[7] ZHOU L W,WU L X. Internationalization and the performance of born - global SMEs: the mediating role of social networks[J]. Journal of International Business Studies,2007, 38(4):673-690.

[8] 彭泗清. 经济转型与创新:认识、问题与对策——2013 · 中国企业家成长与发展专题调查报告[J]. 管理世界,2013(9):9-20.

[9] 邓可斌,丁重. 中国为什么缺乏创造性破坏?——基于上市公司特质信息的经验证据[J]. 经济研究, 2010(6):66-79.

[10] 赵瑞. 企业社会资本、财务绩效及其持续性——基于我国上市公司面板数据[J]. 宏观经济研究,2012(7):45-49.

[11] 边燕杰,丘海雄. 企业的社会资本及其功效[J]. 中国社会科学,2000(2):87-89.

[12] 陈爽英. 民营企业家社会关系资本对研发投资决策影响的实证研究[J]. 管理世界, 2010(1):88-97.

[13] 孙俊华,陈传明. 企业家社会资本与公司绩效关系研究——基于中国制

造业上市公司的实证研究[J]. 南开管理评论,2009(2):28-36.

[14] ADHIKARI A, DERASHID C, ZHANG H. Public policy, political connections, and effective tax rates: longitudinal evidence from Malaysia[J]. Social Science Electronic Publishing, 2006,25(5):574-595.

[15] PENG M W, LUO Y. Managerial ties and firm performance in a transition economy: the nature of a micro – macro link[J]. Academy of Management Journal, 2000,43(3):486-501.

[16] 高勇强,陈亚静,张云均. “红领巾”还是“绿领巾”:民营企业慈善捐赠动机研究[J]. 管理世界, 2012(8):106-114,146.

[17] MOSAKOWSKI E. Entrepreneurial resources, organizational choices and competitive outcomes [J]. Organization Science,1998,9(6):625-643.

[18] ANDERSON A R,MILLER C J. “Class matters”: human and social capital in the entrepreneurial process[J]. Journal of Socio – Economics, 2003,32(1):17-36.

[19] DAVIDSSON P,HONIG B. The role of social and human capital among nascent entrepreneurs[J]. Journal of Business Venturing, 2003,18(3):301-331.

[20] WATSON J. Modeling the relationship between networking and firm performance [J]. Journal of Business Venturing,2007,22(6):852-874.

[21] KEMPER J,SCHILKE O,BRETELL M. Social capital as a microlevel origin of organizational capabilities[J]. Journal of Product Innovation Management, 2013,30(3):589-603.

[22] THORPE R,COPE J,MONDER R,et al. Leadership development in small – and medium-sized enterprises: the case for action learning [J]. Action Learning Research & Practice,2009,6(3):201-208.

[23] LEITCH C M,MCMULLAN C,HARRISON R T. The development of entrepreneurial leadership: the role of human, social and institutional capital [J]. British Journal of Management,2013,24(3):347-366.

[24] STAM W,ARZLANIAN S,ELFRING T. Social capital of entrepreneurs and small firm performance: a meta – analysis of contextual and methodological moderators[J]. Journal of Business Venturing,2014,29(1):152-173.

[25] 蒋春燕,赵曙明. 社会资本和公司企业家精神与绩效的关系:组织学习的中介作用——江苏与广东新兴企业的实证研究[J]. 管理世界,2006(10):90-99,171-172.

[26] 孙俊华,陈传明. 企业家社会资本与多元化战略:一个多视角的分析[J]. 科学学与科学技术管理, 2009(8):176-181.

[27] 王栋,陈永广. 企业家社会资本对创业企业成功的影响分析[J]. 科学管理研究,2010(2):25-29.

[28] 郭立新,陈传明. 企业家社会资本、战略决策速度与企业绩效的关系——基于中国企业的实证研究[J]. 南京社会科学,2011(10):37-44.

[29] 郭立新,陈传明. 企业家社会资本与企业绩效——以战略决策质量为中介[J]. 经济管理,2011(12):43-51.

[30] 游家兴,刘淳. 嵌入性视角下的企业家社会资本与权益资本成本——来自我国民营上市公司的经验证据[J]. 中国工业经济, 2011(6): 109-119.

[31] QIAO P,FUNG H,JU X. Effects of social capital,top executive attributes and R&D on firm value in Chinese small and medium-sized enterprises[J]. China & World Economy,2013,21(4):79-100.

[32] PENG M W, ZHOU J Q. How network strategies and institutional transitions evolve in Asia[J]. Asia Pacific Journal of Management,2005,22(4):321-336.

[33] IONA A,LEONIDA L,NAVARRA P. Business group affiliation, innovation, internationalization and performance:a semi-parametric analysis[J]. Global Strategy Journal,2013,3(3):244-261.

[34] GUO H,XU E,JACOBS M. Managerial political ties and firm performance during institutional transition: an analysis of mediating mechanisms[J]. Journal of Business Research,2014,67(2):116-127.

[35] 于蔚,汪淼军,金祥荣. 政治关联和融资约束:信息效应与资源效应[J]. 经济研究,2012(9):125-139.

[36] 潘越,戴亦一,吴超鹏,等. 社会资本、政治关系与公司投资决策[J]. 经济研究, 2009(11):82-94.

[37] FACCIO M. Differences between politically connected and nonconnected firms: a cross-country analysis[J]. Financial Management,2010,39(3):905-928.

[38] WU W,WU C,ZHOU C,et al. Political connections, tax benefits and firm performance:evidence from China[J]. Journal of Accounting & Public Policy,2012, 31(3):277-300.

[39] 王永进. 关系与民营企业的出口行为:基于声誉机制的分析[J]. 世界经济, 2012(2):98-119.

[40] TU G,LIN B,LIU F. Political connections and privatization:evidence from China[J]. Journal of Accounting & Public Policy,2013,32(2):114-135.

[41] PORTES A. Social capital: its origins and applications in modern sociology

[J]. Lesser,2000,24(1):43-67.

[42] 白璇,李永强,赵冬阳. 企业家社会资本的两面性:一项整合研究[J]. 科研管理,2012(3):27-35.

[43] ALDRICH H E, REESE P R. Does networking pay off? A panel study of entrepreneurs in the research triangle[J]. Frontiers of Entrepreneurship Research, 1993(S):325-339.

[44] COOPER A C,GIMENO－GASCON F J,WOO C Y. Initial human and financial capital as predictors of new venture performance [J]. Journal of Business Venturing,1994,9(5):371 - 395.

[45] ZHAO L,ARAM J D. Networking and growth of young technology－intensive ventures in China[J]. Journal of business venturing,1995,10(5):349-370.

[46] ADLER P S,KWON S W. Social capital:prospects for a new concept[J]. Academy of Management Review,2002 (1):17-40.

[47] ROSTIL A, MIKAE L. The facets of social capital[J]. Journal for the Theory of Social Behaviour,2011,41(3):308-326.

[48] PIOTROSKI J D,ZHANG T. Politicians and the IPO decision:the impact of impending political promotions on IPO activity in China[J]. Journal of Financial Economics,2014,111(1):111-136.

[49] ZHANG H,LI L,ZHOU D,et al. Political connections,government subsidies and firm financial performance: evidence from renewable energy manufacturing in China[J]. Renewable Energy,2014,63(1):330-336.

[50] 梁莱歆,冯延超. 民营企业政治关联、雇员规模与薪酬成本[J]. 中国工业经济, 2010(10):127-137.

[51] 冯延超. 中国民营企业政治关联与税收负担关系的研究[J]. 管理评论,2012,24(6):167-176.

[52] 邓建平,曾勇. 政治关联能改善民营企业的经营绩效吗?[J]. 中国工业经济, 2009(2):98-108.

[53] 张雯,张胜,李百兴. 政治关联、企业并购特征与并购绩效[J]. 南开管理评论,2013(2): 64-74.

[54] 许年行,江轩宇,伊志宏,等. 政治关联影响投资者法律保护的执法效率吗?[J]. 经济学,2013, 12(1):373-406.

[55] 曾萍,邓腾智,宋铁波. 社会资本、动态能力与企业创新关系的实证研究[J]. 科研管理,2013(4):50-59.

[56] LIPPARIN A,SOBRERO M. The glue and the pieces: entrepreneurship and innovation in small－firm networks[J]. Journal of Business Venturing,1994,

9(2):125-140.

[57] HITE J M,HESTERLY W S. The evolution of firm networks:from emergence to early growth of the firm[J]. Strategic Management Journal,2001, 22(3):275-286.

[58] CHESBROUGH H. Open innovation:a new paradigm for understanding industrial innovation[J]. Open Innovation Researching a New Paradigm,2006:1-12.

[59] DRNOVSE M,ZORN O,MARTINCIC M. Responsible entrepreneurs: the network effects[J]. Journal of Enterprising Culture,2008,16(3):209-231.

[60] STANIULIEN S. Entrepreneurs' networking for new venture[J]. Management of Organizations Systematic Research,2011 (59):95-113.

[61] GREVE A,SALAFF J W. Social networks and entrepreneurship[J]. Entrepreneurship Theory and Practice,2003,28(1):1-22.

[62] ANDERSON A,PARK J,JACK S. Entrepreneurial social capital conceptualizing social capital in new high-tech firms[J]. International Small Business Journal, 2007,25(3):245-272.

[63] LAND S,ENGELEN A,BRETTEL M. Top management's social capital and learning in new product development and its interaction with external uncertainties[J]. Industrial Marketing Management,2012,41(3):521-530.

[64] GRONUM S,VERREYNNE M L,KASTELLE T. The role of networks in small and medium-sized enterprise innovation and firm performance[J]. Journal of Small Business Management,2012,50(2):257-282.

[65] EBERS M,MAURER I. Connections count:how relational embeddedness and relational empowerment foster absorptive capacity[J]. Research Policy, 2014, 43(2):318-332.

[66] 韦影. 企业社会资本与技术创新:基于吸收能力的实证研究[J]. 中国工业经济, 2007(9):119-127.

[67] 吕淑丽. 企业家社会资本对技术创新绩效的影响[J]. 情报杂志,2010(5): 107-112,187.

[68] 史欣向,梁彤缨. 社会资本影响了研发效率——基于中国省际面板数据的经验研究[J]. 科研管理,2013(5):73-79,110.

[69] 姜卫韬. 中小企业自主创新能力提升策略研究——基于企业家社会资本的视角[J]. 中国工业经济,2012(6):107-119.

[70] 耿新,张体勤. 企业家社会资本对组织动态能力的影响——以组织宽裕为调节变量[J]. 管理世界,2010(6):109-121.

[71] 李辉,张晓明. 中小企业家社会资本、自主创新能力与企业绩效——来自陕西省中小企业的经验研究[J]. 中国科技论坛,2013(6):135-142.

[72] WANG H,QIAN C L. Corporate philanthropy and corporate financial performance: the roles of stakeholder response and political access[J]. Academy of Management Journal,2011,54(6):1159-1181.

[73] 王珍义,苏丽,陈璐. 中小高新技术企业政治关联与技术创新:以外部融资为中介效应[J]. 科学学与科学技术管理,2011(5):48-54,135.

[74] 巫景飞,何大军,林暐,等. 高层管理者政治网络与企业多元化战略:社会资本视角——基于我国上市公司面板数据的实证分析[J]. 管理世界,2008(8):107-118.

[75] 江雅雯,黄燕,徐雯. 市场化程度视角下的民营企业政治关联与研发[J]. 科研管理,2012(10):48-55.

[76] 康华,王鲁平,杨柳青. 民营上市公司政治关系对研发活动的影响研究[J]. 科研管理,2013(8):9-16.

[77] 李传宪,干胜道. 政治关联、补贴收入与上市公司研发创新[J]. 科技进步与对策,2013,30(13):102-105.

[78] SHU C,PAGE A L,GAO S X,et al. Managerial ties and firm innovation: is knowledge creation a missing link? [J]. Journal of Product Innovation Management,2012,29(1):125-143.

[79] 何大军,王是平,巫景飞. 我国企业家社会资本的构成、功效与获取——基于一项问卷调查的探索性分析[J]. 研究与发展管理,2010(5):53-58,74.

[80] 梁强,李新春,郭超. 非正式制度保护与企业创新投入——基于中国民营上市企业的经验研究[J]. 南开经济研究,2011(3):97-110.

[81] DAKHLI M,DE CLERCQ D. Human capital,social capital,and innovation: a multi - country study[J]. Working Papers of Faculty of Economics & Business Administration Ghent University Belgium,2004,16(2):107-128.

[82] 吴俊杰,戴勇. 企业家社会资本、知识整合能力与技术创新绩效关系研究[J]. 科技进步与对策,2013(11):84-88.

[83] 陈爽英,井润田,龙小宁,等. 民营企业家社会关系资本对研发投资决策影响的实证研究[J]. 管理世界, 2010(1):88-97.

[84] 丁重,邓可斌. 政治关系与创新效率:基于公司特质信息的研究[J]. 财经研究,2010(10):85-100.

[85] 曾萍,宋铁波. 政治关系真的抑制了企业创新吗?——基于组织学习与动态能力视角[J]. 科学学研究,2011(8):1231-1239.

[86] 江雅雯,黄燕,徐雯. 政治联系、制度因素与企业的创新活动[J]. 南方经济,2011(11):3-15.

[87] 杜兴强,曾泉,杜颖洁. 政治联系对中国上市公司的 R&D 投资具有"挤

出”效应吗？[J]. 投资研究,2012(5):98-113.
[88] 刘圻,杨德伟. 民营企业政治关联影响研发投资的实证研究——来自深市中小企业板的证据[J]. 财政研究,2012(5):61-65.
[89] 夏力,李舒好. 政治关联视角下的政府补贴与民营企业技术创新[J]. 科技进步与对策,2013(30):108-111.
[90] LIN H,ZENG S X,MA H Y,et al. Can political capital drive corporate green innovation? Lessons from China[J]. Journal of Cleaner Production,2014, 64(2):63-72.
[91] GRILICHES Z. Productivity,R&D,and the basic research at the firm level in the 1970's[J]. American Economic Review,1986,76(1):141-154.
[92] FRANK R L,DONALD S. The impact of R&D investment on productivity—new evidence using linked R&D – RD data[J]. Economic Inquiry,1991, 29(2):203-229.
[93] GOTO A,SUZUKI K. R&D capital,rate of return on R&D investment and spillover of R&D in Japanese manufacturing industries[J]. Review of Economics & Statistics,1989, 71(4):555-564.
[94] WAKELIN K. Innovation and export behaviour at the firm level[J]. Research Policy,1998,26(7):829-841.
[95] ADAMOU A, SASIDHARAN S. The impact of R&D and FDI on firm growth in emerging – developing countries: evidence from Indian manufacturing industries[EB/OL]. (2007 – 5 – 17)[2014-6-16]http://www. ssrn. com.
[96] 孙维峰,黄祖辉. 广告支出、研发支出与企业绩效[J]. 科研管理, 2013, 34(2):44 – 51.
[97] YEH M L,CHU H P,PETER J S,et al. R&D intensity,firm performance and the identification of the threshold: fresh evidence from the panel threshold regression model[J]. Applied Economics,2010,42(3):389-401.
[98] 康志勇. 技术选择、投入强度与企业创新绩效研究[J]. 科研管理,2013, 34(6):42-49.
[99] 杨百寅,高昂. 企业创新管理方式选择与创新绩效研究[J]. 科研管理, 2013(3): 41-49.
[100] BESSLER W, BITTELMEYER C. Patents and the performance of technology firms: evidence from initial public offerings in Germany[J]. Financial Markets & Portfolio Management,2008,22(4):323-356.
[101] CÉSAE CAMISÓN, ANA VILLAR – LÓPEZ. Organizational innovation as an enabler of technological innovation capabilities and firm performance

[J]. Journal of Business Research,2014,67(1):2891-2902.

[102] ATALAY M,NILGVN A,SARVAN F. The relationship between innovation and firm performance: an empirical evidence from turkish automotive supplier industry[J]. Procedia - Social and Behavioral Sciences,2013(75):226-235.

[103] 陈修德,彭玉莲,卢春源. 中国上市公司技术创新与企业价值关系的实证研究[J]. 科学学研究,2011(1):138-146.

[104] 王铁男,徐云咪. 管理创新能力调节下技术创新能力对企业绩效的影响[J]. 技术经济,2012(31):25-32.

[105] CRUZ - CÁZARES C,BAYONA - SÁEZ C,GARCÍA - MARCO T. You can't manage right what you can't measure well:technological innovation efficiency[J]. Research Policy, 2013,42(6):1239-1250.

[106] BESSER T L, MILLER N J. Social capital,local businesses,and amenities in U.S. rural prairie communities [J]. Journal of Rural Studies,2013,32(4):186-195.

[107] HANS L,HESHMATI A. On the relationship between innovation and performance: a sensitivity analysis[J]. Economics of Innovation & New Technology, 2001,15(4):317-344.

[108] KLOMP L,VAN LEEUWEN G. Linking innovation and firm performance: a new approach[J]. International Journal of the Economics of Business,2001,8(3):343-364.

[109] HASHI I,STOJIE N. The impact of innovation activities on firm performance using a multi - stage model:evidence from the community innovation survey [J]. Social Science Electronic Publishing,2010,42(2):353-366.

[110] BERNHARDT I. Start - up financing,owner characteristics,and survival [J]. Journal of Economics&Business,2003,55(3):303-319.

[111] ENKEL E, GASSMANN O, CHESBROUGH H. Open R&D and open innovation: exploring the phenomenon[J]. Social Science Electronic Publishing,2009, 39(4): 311-316.

[112] OKAMURO H. Determinants of successful R&D cooperation in Japanese small businesses:the impact of organizational and contractual characteristics [J]. Research Policy,2007,36(10):1529-1544.

[113] LEIPONEN A. Skills and innovation[J]. International Journal of Industrial Organization,2005,23(5):303-323.

[114] NIETO M J,SANTAMARÍA L. Technological collaboration:bridging the

innovation gap between small and large firms[J]. Journal of Small Business Management,2010,48(1):44-69.

[115] HUNG K,CHOU C. The impact of open innovation on firm performance: the moderating effects of internal R&D and environmental turbulence[J]. Technovation,2013,30(10):368-380.

[116] 汤洪波. 企业家理论的演进[J]. 经济评论,2006(3):36-40.

[117] 周业安. 关于当前中国新制度经济学研究的反思[J]. 经济研究,2001(7):19-27.

[118] 张维迎. 从现代企业理论看国有企业改革[J]. 改革, 1995(1):30-33.

[119] 李淑芬. 企业家社会资本与集群企业竞争力:研究框架与模型构建[J]. 山东社会科学,2012(11):182-185.

[120] 李路路. 社会资本与私营企业家——中国社会结构转型的特殊动力[J]. 社会学研究,1995(6):46-58.

[121] 张其仔. 社会资本的投资策略与企业绩效[J]. 经济管理,2004(16):58-63.

[122] 张其仔. 社会资本与国有企业绩效研究[J]. 当代财经,2000(1):53-58.

[123] 厉以宁. 中国经济双重转型之路[M]. 北京:中国人民大学出版社,2013.

[124] GARTNER W B,SHANE S A. Measuring entrepreneurship over time[J]. Journal of Business Venturing,1995,10(4):283-301.

[125] BURT R S. The network structure of social capital[J]. Research in Organizational Behavior,2000(22):345-423.

[126] JENSSEN J I, GREVE A. Does the degree of redundancy in social networks influence the success of business start - ups? [J]. International Journal of Entrepreneurial Behaviour & Research,2002,8(5):254-267.

[127] WESTLUND H,BOLTON R. Local social capital and entrepreneurship[J]. Small Business Economics,2003,21(2):77-113.

[128] 周小虎,陈传明. 企业社会资本与持续竞争优势[J]. 中国工业经济,2004(5):12.

[129] HEMIELESKI K M, CARR J C. The relationship between entrepreneur psychological capital and new venture performance[J]. Frontiers of Entrepreneurship Research, 2008,28(4): 1.

[130] ACQUAAH M. Social networking relationships, firm - specific managerial experience and firm performance in a transition economy: a comparative

analysis of family owned and nonfamily firms[J]. Strategic Management Journal, 2012, 33(10):1215-1228.

[131] CAO Q, SIMSEK Z, JANSEN J J P. CEO social capital and entrepreneurial orientation of the firm bonding and bridging effects [J]. Journal of Management, 2005(1):3-4.

[132] KREISER P M, PATEL P C, FIET J O. The influence of changes in social capital on firm - founding activities [J]. Entrepreneurship Theory and Practice, 2013,37(3): 539-568.

[133] 惠朝旭. 企业家社会资本:基于经济社会学基础上的解释范式[J]. 理论与改革, 2004(3): 117-120.

[134] 杨鹏鹏,万迪昉,梁晓莉. 企业家社会资本及其与企业情报竞争力关系的实证研究——以陕西小型民营科技企业为例[J]. 情报杂志, 2005(7): 29-31.

[135] 宇红,刘琛. 信任与企业家社会资本[J]. 社会科学辑刊, 2006(5): 49-53.

[136] 贺远琼,田志龙. 企业家行为与企业社会资本[J]. 财贸研究, 2006(1): 81-85,91.

[137] 彭正龙, 姜卫韬. 企业家社会资本:概念、影响机制及其研究新方向[J]. 经济管理, 2008(10): 10-16.

[138] 张文江,陈传明. 企业社会资本与企业家社会资本的贯通性研究[J]. 科学学与科学技术管理, 2009(2): 186-190.

[139] 卿涛,张征. 企业家社会资本与企业成长关系理论模型研究[J]. 西华大学学报:哲学社会科学版, 2013(5): 40-44.

[140] ACQUAAH M. Managerial social capital, strategic orientation, and organizational performance in an emerging economy[J]. Strategic Management Journal, 2007, 28(12): 1235-1255.

[141] 马晓维, 苏忠秦, 曾琰,等. 政治关联、企业绩效与企业行为的研究综述[J]. 管理评论, 2010, 22(2):3-10.

[142] GOLDMAN E, ROCHOLL J. Does political connectedness affect firm value? [J]. SSRN Electronic Journal, 2006, 21(4):1607-1652.

[143] 李维安, 徐业坤. 政治关联形式、制度环境与民营企业生产率[J]. 管理科学, 2012, 25(2):1-12.

[144] 邓建平,曾勇. 金融关联能否缓解民营企业的融资约束[J]. 金融研究, 2011(8):78-92.

[145] 邓新明, 熊会兵, 李剑峰,等. 政治关联、国际化战略与企业价值——来

自中国民营上市公司面板数据的分析[J]. 南开管理评论，2014，17(1):26-43.
[146] 薛爽,肖星. 捐赠:民营企业强化政治关联的手段?[J]. 财经研究,2011(11):102-112.
[147] 刘文智. 环渤海地区民间商会与产业集群发展[J]. 天津大学学报:社会科学版，2009(3):257-259.
[148] LIN N. Building a network theory of social capital [J]. Connections, 1999, 22(1): 28-51.
[149] 刘林,刘丽. 企业家社会资本的测量评述[J]. 重庆工商大学学报:社会科学版,2013,30(6):27-44
[150] MORAN P. Structural vs. relational embeddedness: social capital and managerial performance [J]. Strategic Management Journal, 2005, 26(12): 1129-1151.
[151] BATJARGAL B. Internet entrepreneurship: social capital, human capital, and performance of internet ventures in China[J]. Research Policy, 2007, 36(5): 605-618.
[152] CHOLLET B, GÉRAUDEL M, MOTHE C. Generating business referrals for SMEs: the contingent value of CEOs' social capital[J]. Journal of Small Business Management, 2014, 52(1): 79-101.
[153] LIN N, FU Y, HSUNG R. The position generator: measurement techniques for investigations of social capital[C]// LIN N, COOK K S, BURT R S. Social capital: theory and research. New York: Aldine de Gruyter, 2001: 57-81.
[154] 林南. 社会资本理论与研究简介[J]. 社会科学论丛，2007，1(1): 1-32.
[155] 马丽媛. 企业家社会资本的测量及其对企业绩效的影响——基于新兴第三产业上市公司的实证研究[J]. 南方经济，2010(5): 33-45.
[156] 魏江,寿柯炎,冯军政. 高管政治关联、市场发育程度与企业并购战略——中国高技术产业上市公司的实证研究[J]. 科学学研究，2013，31(6):856-863.
[157] 徐业坤，钱先航,李维安. 政治不确定性、政治关联与民营企业投资——来自市委书记更替的证据[J]. 管理世界，2013(5):116-130.
[158] NGRAM P, ROBERTS R S. Friendships among competitors in the Sydney hotel industry [J]. American Journal of Sociology, 2000, 106 (2): 387-423.

[159] LEE D Y, TSANG E W. The effects of entrepreneurial personality, background and network activities on venture growth[J]. Journal of Management Studies, 2001, 38(4): 583-602.

[160] SHANE S, CABLE D. Network ties, reputation, and the financing of new ventures[J]. Management Science, 2002, 48(3): 364-381.

[161] WITT P. Entrepreneurs' networks and the success of start - ups[J]. Entrepreneurship & Regional Development, 2004, 16(5): 391-412.

[162] CHRISMAN J J, MCMULLAN E, HALL J. The influence of guided preparation on the long - term performance of new ventures[J]. Journal of Business Venturing, 2005, 20(6): 769-791.

[163] BRADLEY S W, et al. Capital is not enough: innovation in developing economies[J]. Journal of Management Studies, 2012, 49(4): 684-717.

[164] GE B, HISRICH R D, DONG D. Networking, resource acquisition, and the performance of small and medium - sized enterprises: an empirical study of three major cities in China[J]. Managing Global Transitions, 2009, 7(3): 221-239.

[165] CAPELLERAS J L, GREENE F J, KANTIS H, et al. Venture creation speed and subsequent growth: evidence from South America[J]. Journal of Small Business Management, 2010, 48(3): 302-324.

[166] BRINK T. What connections in networks of private entrepreneurs are related to growth? [J]. Journal of Depopulation and Rural Development Studies, 2011(11): 57-82.

[167] 李博,闫存岩. 中国企业家成长模式分析——基于企业家资本角度[J]. 经济问题, 2006(5):43-45.

[168] 贺远琼,田志龙. 组织学习与企业绩效的关系——基于适应能力视角的实证研究[J]. 研究与发展管理, 2008(1):91-96.

[169] 张玉利,杨俊,任兵. 社会资本、先前经验与创业机会——一个交互效应模型及其启示[J]. 管理世界, 2008,20(7):91-102.

[170] 石军伟,胡立君,付海艳. 企业社会责任、社会资本与组织竞争优势:一个战略互动视角——基于中国转型期经验的实证研究[J]. 中国工业经济, 2009(11):87-98.

[171] 耿新,于林平,赵莉. 企业家社会资本、动态能力与创新绩效的关系研究——以小型科技企业为例[J]. 经济与管理评论, 2013(2): 70-75.

[172] JONSSON S, LINDBERGH J. The development of social capital and financing of entrepreneurial firms: from financial bootstrapping to bank funding[J].

Entrepreneurship Theory and Practice, 2013, 37(4): 661-686.

[173] 魏虹,陈传明. 企业家社会资本对利益相关者战略共识的影响分析[J]. 南京社会科学, 2013(10): 21-28.

[174] LI Y, WANG X, HUANG L, et al. How does entrepreneurs' social capital hinder new business development? A relational embeddedness perspective [J]. Journal of Business Research, 2013, 66(12): 2418-2424.

[175] 李永强,杨建华,白璇. 企业家社会资本的负面效应研究:基于关系嵌入的视角[J]. 中国软科学, 2012(10): 104-116.

[176] SU Z, XIE E, WANG D. Entrepreneurial orientation, managerial networking, and new venture performance in China [J]. Journal of Small Business Management, 2015,53(1):228-248.

[177] BOURDIEUP. The social space and the genesis of groups[J]. Theory and society, 1985, 14(6): 723-744.

[178] 刘林平. 企业的社会资本:概念反思和测量途径——兼评边燕杰、丘海雄的《企业的社会资本及其功效》[J]. 社会学研究, 2006(2):204-216.

[179] GREVE A, SALAFF J W. Social networks and entrepreneurship[J]. Entrepreneurship Theory and Practice, 2003, 28(1): 1-22.

[180] 何晓斌,蒋君洁,杨治,等. 新创企业家应做"外交家"吗?——新创企业家的社交活动对企业绩效的影响[J]. 管理世界, 2013(6):128-137.

[181] CAI H, FANG H, XU L C. Eat, drink, firms and government: an investigation of corruption from entertainment and travel costs of Chinese firms[J]. Journal of Law and Economics, 2011, 54(1):55-78.

[182] 许治. 新熊彼特增长理论评介[J]. 经济学动态, 2005(11):81-84.

[183] 赵辉. 新古典经济增长理论的发展脉络及评论[J]. 生产力研究, 2010(12):35-36.

[184] 毕秀水. 现代经济增长的演化论分析——兼评新经济增长理论[J]. 当代经济研究, 2004(9):38-41.

[185] LAWLESS M W, FISHER R J. Sources of durable competitive advantage in new products[J]. Journal of Product Innovation Management, 1990, 7(1): 35-44.

[186] EVANGELISTA R, PERANI G, RAPITI F, et al. Nature and impact of innovation in manufacturing industry: some evidence from the Italian innovation survey[J]. Research Policy, 1997, 26(4):521-536.

[187] 魏江,寒午. 企业技术创新能力的界定及其与核心能力的关联[J]. 科研管理, 1998(6):12-17.

[188] GUAN J, MA N. Innovative capability and export performance of Chinese firms[J]. Technovation, 2003, 23(9): 737-747.

[189] GUAN J C, YAM R C M, MOK C K, et al. A study of the relationship between competitiveness and technological innovation capability based on DEA models[J]. European Journal of Operational Research, 2006, 170(3):971-986.

[190] 夏维力,吕晓强. 基于BP神经网络的企业技术创新能力评价及应用研究[J]. 研究与发展管理, 2005(1):50-54.

[191] 李向波,李叔涛. 基于创新过程的企业技术创新能力评价研究[J]. 中国软科学, 2007(2):139-142.

[192] 刘海涛,孙明贵. 关于企业技术创新能力的分析[J]. 经济与管理研究, 2009(7):97-100.

[193] FORSMAN H. Innovation capacity and innovation development in small enterprises. A comparison between the manufacturing and service sectors[J]. Research Policy, 2011, 40(5): 739-750.

[194] YAM R C M, LO W, TANG E P Y, et al. Analysis of sources of innovation, technological innovation capabilities, and performance: an empirical study of Hong Kong manufacturing industries[J]. Research Policy, 2011, 40(3): 391-402.

[195] CHAKRABORTY A, RZAKHANOV Z, SHEIKH S. Antitakeover provisions, managerial entrenchment and firm innovation[J]. Journal of Economics and Business, 2014, 72(2): 30-43.

[196] 柴剑峰,陈光,王永杰. R&D植入技术创新的动态机理及绩效分析[J]. 科学学与科学技术管理, 2003(5):20-23.

[197] 王永杰. 研究与开发(R&D)特征分析[J]. 科技管理研究, 2004(6): 19-22.

[198] 白俊红,江可申,李婧,等. 企业技术创新能力测度与评价的因子分析模型及其应用[J]. 中国软科学, 2008(3): 108-114.

[199] 雷静,潘杰义. 企业技术创新能力的自组织机制研究[J]. 科学学研究, 2009(9): 1403-1406.

[200] 冯文娜. 高新技术企业研发投入与创新产出的关系研究——基于山东省高新技术企业的实证[J]. 经济问题, 2010(9):74-78.

[201] 曹萍,陈福集. 基于ANP理论的企业技术创新能力评价模型[J]. 科学学与科学技术管理, 2010(2): 67-71,176.

[202] 梁军,周扬. 创业板与企业创新的实证研究[J]. 科研管理, 2013(2):

89-96.

[203] 郭磊,蔡虹. 基于专利组合分析的中国电信产业技术创新能力研究[J]. 科学学与科学技术管理, 2013(9): 77-85.

[204] 任远,吕永波,刘建生,等. 企业技术创新能力区域评价与分布特征研究[J]. 中国科技论坛, 2013(5): 110-117.

[205] 潘宏亮,余光胜. 社会资本、知识共享与企业技术创新能力的关系[J]. 情报杂志, 2013(1): 180-184.

[206] 陈晓红,雷井生. 中小企业绩效与知识资本关系的实证研究[J]. 科研管理, 2009(1):97-106.

[207] RUEKERT R W, WALKER O C, ROERING K J. The organization of marketing activities: a contingency theory of structure and performance[J]. Journal of Marketing, 1985, 49(1):13-25.

[208] 毛基业,张霞. 案例研究方法的规范性及现状评估——中国企业管理案例论坛(2007)综述[J]. 管理世界, 2008,20(4):115-121.

[209] 谢芳. 案例研究方法[J]. 北京石油管理干部学院学报, 2009(3): 25-30.

[210] AMARA N, LANDRY R, TRAORÉ N. Managing the protection of innovations in knowledge - intensive business services[J]. Research Policy, 2008, 37(9): 1530-1547.

[211] HALL S G, AHMAD M. Can trust explain social capital effect on property rights and growth? [J]. Procedia Economics & Finance, 2013, 7(13): 55-64.

[212] EISENHARDT K M. Building theories from case study research[J]. Academy of Management Review, 1989, 14(4): 532-550.

[213] 吴敬琏,黄少卿. 权与利的博弈——转型时期的制度环境与企业家行为[J]. 品牌, 2006(8):18-21.

[214] BOUBAKRI N, COSSET J, SAFFAR W. Political connections of newly privatized firms[J]. Journal of Corporate Finance, 2008, 14(5): 654-673.

[215] 张建君,张志学. 中国民营企业家的政治战略[J]. 管理世界, 2005(7):94-105.

[216] 潘克勤. 实际控制人政治身份降低债权人对会计信息的依赖吗——基于自我约束型治理视角的解释和实证检验[J]. 南开管理评论, 2009(5):38-46.

[217] 邓新明. 我国民营企业政治关联、多元化战略与公司绩效[J]. 南开管

理评论，2011(4):4-15.
[218] 于蔚，汪淼军，金祥荣. 政治关联和融资约束：信息效应与资源效应[J]. 经济研究，2012(9)：125-139.
[219] 王永进，盛丹. 政治关联与企业的契约实施环境[J]. 经济学(季刊)，2012(4):1193-1218.
[220] 白重恩,刘俏,陆洲,等. 中国上市公司治理结构的实证研究[J]. 经济研究，2005(2):81-91.
[221] 余明桂,潘红波. 政治关系、制度环境与民营企业银行贷款[J]. 管理世界，2008(8):9-21.
[222] XU Q, PERKINS D D, CHOW J C. Sense of community, neighboring, and social capital as predictors of local political participation in China[J]. American Journal of Community Psychology, 2010, 45(3): 259-271.
[223] HHOUSTON J F, LIN C, MA Y. Media ownership, concentration and corruption in bank lending[J]. Journal of Financial Economics, 2011, 100(2): 326-350.
[224] 曾萍,邓腾智. 政治关联与企业绩效关系的 Meta 分析[J]. 管理学报，2012(11)：1600-1608.
[225] 罗党论,唐清泉. 政治关系、社会资本与政策资源获取：来自中国民营上市公司的经验证据[J]. 世界经济，2009(7):84-96.
[226] 罗党论,应千伟. 政企关系、官员视察与企业绩效——来自中国制造业上市企业的经验证据[J]. 南开管理评论，2012(5):74-83.
[227] 刘文智. 从同业公会档案看行业组织在公私、劳资关系处理中的作用[J]. 档案，2009(1):39-40.
[228] 陈锡文,郝际陶. 法国工商会对我们的启迪——促进中小企业发展[J]. 财经理论与实践，2004(1):111-114.
[229] 张善杰. 俱乐部机制与制度耦合：枣庄市中小企业信用担保商会效应分析[J]. 金融发展研究，2008(11):46-48.
[230] 郁建兴,沈永东. 行业协会在产业升级中的作用：文献评论[J]. 中国行政管理，2011(9):53-58.
[231] 刘华光. 商会的产生与演进：一种基于制度的分析[J]. 财贸经济，2005(6):92-94.
[232] 冯巨章. 市场环境、商会介入与企业间合作——以反倾销应诉为例[J]. 南开经济研究，2010(1):140-152.
[233] 张捷,王霄,赵永亮. 商会治理功能与组织边界的经济学分析——基于公共选择的理论框架与中国的经验证据[J]. 中国工业经济，2009

(11):109-119.

[234] FORRESTE W R, MAUTE M F. The impact of relationship satisfaction on attributions, emotions, and behaviors following service failure[J]. Journal of Applied Business Research, 2001, 17(1): 1-14.

[235] 郁建兴,沈永东,周俊. 政府支持与行业协会在经济转型升级中的作用——基于浙江省、江苏省和上海市的研究[J]. 上海行政学院学报,2013(2):4-13.

[236] 吴军民. 行业协会的组织运作:一种社会资本分析视角——以广东南海专业镇行业协会为例[J]. 管理世界,2005(10):50-57.

[237] 张杰,席岩. 基于交易成本理论的行业协会在应对反规避调查中的功能研究[J]. 山东青年政治学院学报,2013(5):111-119.

[238] 张仁峰. 美国行业协会考察与借鉴[J]. 宏观经济管理,2005(9):56-57.

[239] 余晖. WTO 体制下行业协会的应对策略——以反倾销为例[J]. 中国工业经济,2002(3):39-46.

[240] 王玉珍,任一. 行业协会的组织嵌入与行业秩序改善——基于天津市自行车行业协会的案例分析[J]. 江西社会科学,2006(12):31-35.

[241] 郭红东,蒋文华."行业协会+公司+合作社+专业农户"订单模式的实践与启示[J]. 中国农村经济,2007(4):48-52.

[242] 谢言,高山行,江旭. 外部社会联系能否提升企业自主创新?——一项基于知识创造中介效应的实证研究[J]. 科学学研究,2010(5):777-784.

[243] KLEINSCHMIDT E J, DE BRENTANI U, SALOMO S. Performance of global new product development programs: a resource - based view[J]. Journal of Product Innovation Management, 2007, 24(5): 419-441.

[244] 马德普. 渐进性、自主性与强政府——分析中国改革模式的政治视角[J]. 当代世界与社会主义,2005(5):19-23.

[245] 王珍义,何胡琴,丽苏. 政治关联、进入壁垒与中小高新技术企业技术创新[J]. 华东经济管理,2014(3):114-119.

[246] 蔡地,万迪昉. 制度环境影响企业的研发投入吗?[J]. 科学学与科学技术管理,2012(4):121-128.

[247] 蔡地,黄建山,李春米,等. 民营企业的政治关联与技术创新[J]. 经济评论,2014(2):65-76.

[248] 陶侃,娄钰华,王振. 地方商会在推进产业转型升级中的作用机制研究——以中国轻纺城商会为例[J]. 企业经济,2011(11):30-33.

[249] ZHENG W. A social capital perspective of innovation from individuals to nations: where is empirical literature directing us? [J]. International Journal of Management Reviews, 2010, 12(2): 151-183.

[250] LANDRY R, AMARA N, LAMARI M. Does social capital determine innovation? To what extent? [J]. Technological forecasting and social change, 2002, 69(7): 681-701.

[251] RINDFLEISCH A, MOORMAN C. The acquisition and utilization of information in new product alliances: a strength - of - ties perspective[J]. Journal of marketing, 2001, 65(2): 1-18.

[252] 杨心伟, 汤福星,李义冬,等. 论行业协会在赣县甜菊业发展中的助推作用[J]. 技术与市场, 2012(1):133-134.

[253] 徐晞. 台湾行业协会发展概况及其对大陆的启示[J]. 亚太经济, 2013(2):138-143.

[254] 罗明新, 马钦海, 胡彦斌. 政治关联与企业技术创新绩效——研发投资的中介作用研究[J]. 科学学研究, 2013(6):938-947.

[255] 支燕. 创新能力、技术转化与创新绩效——来自我国电子信息业上市公司的实证[J]. 科学学与科学技术管理, 2009(3): 96-99, 131.

[256] EPELBAUM F M B, MARTINEZ M G. The technological evolution of food traceability systems and their impact on firm sustainable performance: a RBV approach[J]. International Journal of Production Economics, 2014, 150(4):215-224.

[257] 戴维奇,林巧,魏江. 本地和超本地业务网络、吸收能力与集群企业升级[J]. 科研管理, 2013(4): 79-89.

[258] 樊纲. 中国各地区市场化进展状况[J]. 经济纵横, 2005(11):2-4.

[259] 王文华,张卓. 金融发展、政府补贴与研发融资约束——来自A股高新技术上市公司的经验证据[J]. 经济与管理研究, 2013(11):51-57.

[260] 赵世勇,香伶. 制度环境与民营企业发展地区差异——中国大型民营企业地区分布不平衡的解析[J]. 福建论坛:人文社会科学版, 2010(11): 4-10.

[261] 李志学, 郜磊, 武庆刚,等. 东西部企业社会资本比较[J]. 商业时代, 2012(21):88-89.

[262] 任广乾,汪敏达. 中国上市公司政治关联度与绩效的实证研究[J]. 山西财经大学学报, 2010(9):80-88.

[263] 戴亦一,潘越,冯舒. 中国企业的慈善捐赠是一种“政治献金”吗? ——来自市委书记更替的证据[J]. 经济研究, 2014, 49(2): 74-86.

[264] NORTH D C. Institutions, institutional change and economic performance [M]. Cambridge: Cambridge University Press, 1990.

[265] 陈凌，王昊. 家族涉入，政治联系与制度环境——以中国民营企业为例[J]. 管理世界，2013(10)：130-141.

[266] 田利辉，张伟. 政治关联影响我国上市公司长期绩效的三大效应[J]. 经济研究，2013(11)：71-86.

[267] 乔朋华，鞠晓峰，王维. 中国经济转型背景下社会资本对中小企业价值的影响研究[J]. 山西财经大学学报，2013(9)：11-21.

[268] 李维安，邱艾超，阎大颖. 企业政治关系研究脉络梳理与未来展望[J]. 外国经济与管理，2010(5)：48-55.

[269] 罗党论，刘晓龙. 政治关系、进入壁垒与企业绩效——来自中国民营上市公司的经验证据[J]. 管理世界，2009(5)：97-106.

[270] 肖文，林高榜. 政府支持、研发管理与技术创新效率[J]. 管理世界，2014(4)：71-80.

[271] 杨其静. 企业成长：政治关联还是能力建设？[J]. 经济研究，2011(10)：54-66.

[272] 付海艳. 政治关联、经营业绩与公司透明度：来自中国转型期的经验证据[J]. 宏观经济研究，2013(12)：53-63.

后　记

时间都去哪了？时间过得真快，不经意间已经在哈尔滨工业大学度过了十年的青春时光。回头看看，不禁无尽感慨。哈尔滨工业大学教会了我太多，并给我留下了很多美好的回忆和感动，至此著作完成之际，仅向曾经关怀和帮助我的老师、同学和朋友们表达最真挚的谢意！

本著作是在作者攻读博士期间进行科学研究的基础上完成的，首先要感谢我的博士生导师鞠晓峰教授。非常有幸能够自 2005 年就师从于鞠老师门下，导师的言传身教使我终生受益，导师知识渊博、为人豁达，刚正不阿、治学严谨的态度深深地影响着我。由衷感谢鞠晓峰老师，是导师引领我步入学术殿堂，让我认识到科研到底是什么、如何来看待科学研究，感谢老师对学生科研素质的培养，也非常感谢老师这些年来对学生无微不至的关怀，自从工作以后，每次回哈工大都非常珍惜和老师相处的机会，和老师每一次的相处都是那么的幸福。在此，向我的授业恩师鞠晓峰教授致以最崇高的敬意和最衷心的感谢！

在攻读博士期间非常幸运结识了我的副导师美国密苏里大学冯鸿玑（Hung－gay Fung）教授，冯鸿玑老师是一个非常勤奋和热心的老师，每次遇到学术问题，他都会帮我梳理问题，并教会我如何能够讲出一个好的 story。在此，向我尊敬的副导师冯鸿玑（Hung－gay Fung）教授致以崇高的谢意！

感谢哈尔滨工业大学管理学院胡运权教授、胡珑瑛教授、于渤教授、齐中英教授、王铁男教授、王福胜教授、王雪峰教授、张莉教授、田也壮教授、艾文国教授、梁雪峰教授、吴伟伟副教授在论文开题、预审及预答辩中提出的宝贵意见和启发，感谢哈工大管理学院所有老师多年来对我学习和生活中的帮助。

感谢我的同学张自立、张紫琼夫妇，是你们多年的帮助使我能够在学术道路上少走了很多弯路，你们是我学业上最好的朋友，这份友谊将一直伴随我今后的工作和生活。

感谢我的师兄孙凯博士、刘茂长博士、李锐博士、邵海宏博士、姜鹏博士、单鹏博士、韦福雷博士、任树伟博士，师姐张建华博士、孙静博士、赵中华博士，师弟逄诗章博士、杨化龙博士，同学郭亮博士、宿健飞博士、胡畔博士、杨帅博士，谢谢他们对我学业和生活上的帮助。

感谢我的同事王维教授、苗雨君教授、邱玉兴教授、郑继兴副教授、王成副教授、齐秀辉副教授、李威副教授、杨春梅副教授、孙国忠副教授、阎实副教授、李爱平老师、董国华和吴昊夫妇在工作和生活中的帮助,本篇著作的完成与你们的鼎力支持和帮助密不可分,由衷地谢谢你们。

感谢我的父母和岳父岳母这些年来不辞辛劳,对我们的培养,感谢他们为我们小家的全力支持和无私付出。真心感谢我的爱人王辰默默支持我的工作,并细心照料着我们家的生活,给予家庭更多的付出,才能使我安心做好科学研究工作。也要特别感谢我的儿子乔绍祖小朋友,你天真无邪的笑脸和充满童真的话语常常使我感到无比的幸福,你的到来给我带来很多好运,也给我们家带来了无限的快乐,让我更加真切地感受了作为一个男人的责任感和使命感,也使我能够更加有动力去面对和完成每一个困难和挑战。